［南北朝］颜之推　［明］朱用纯　著

颜氏家训　朱子家训

中国友谊出版公司

图书在版编目（C I P）数据

颜氏家训·朱子家训／（南北朝）颜之推，（明）朱用纯著．— 北京 ：中国友谊出版公司，2013.9（2021.12重印）
（学而书馆）
ISBN 978-7-5057-3238-4

Ⅰ．①颜… Ⅱ．①颜… ②朱… Ⅲ．①家庭道德－中国－南北朝时代②古汉语－启蒙读物 Ⅳ．①B823.1 ②H194.1

中国版本图书馆 CIP 数据核字 (2013) 第 189125 号

书名 颜氏家训·朱子家训
作者 [南北朝]颜之推 [明]朱用纯
出版 中国友谊出版公司
发行 中国友谊出版公司
经销 新华书店
印刷 唐山富达印务有限公司
规格 640×960毫米 16开
14.5印张 188千字
版次 2014年1月第1版
印次 2021年12月第4次印刷
书号 ISBN 978-7-5057-3238-4
定价 32.00元
地址 北京市朝阳区西坝河南里17号楼
邮编 100028
电话 （010）64678009

目录

颜氏家训

序致第一

夫圣贤之书，教人诚孝[①]，慎言检迹[②]，立身扬名，亦已备矣。魏、晋已来，所著诸子，理重事复，递相模效[③]，犹屋下架屋，床上施床[④]耳。吾今所以复为此者，非敢轨物[⑤]范世也，业以[⑥]整齐门内，提撕[⑦]子孙。夫同言而信，信其所亲；同命而行，行其所服。禁童子之暴谑[⑧]，则师友之诫不如傅婢[⑨]之指挥；止凡人之斗阋[⑩]，则尧、舜之道不如寡妻[⑪]之诲谕。吾望此书为汝曹之所信，犹贤于傅婢寡妻耳。

【注释】

① 诚孝：即忠孝，隋朝人为了避隋文帝父杨忠之讳而将“忠”改为“诚”。

② 检迹：行为自持，不放纵。

③ 模效：模仿，效法。

④ 屋下架屋，床上施床：比喻重复建设，毫无创新。

⑤ 轨物：作为事物的规范。

⑥ 业以：专门用来。

⑦ 提撕：提醒、教导。

⑧ 暴谑（xuè）：过分的打闹。

⑨ 傅婢：保姆，侍婢。

⑩ 斗阋（xì）：指家庭内兄弟之间的争执。

⑪ 寡妻：嫡妻，正妻。

【译文】

古代圣贤的书籍，教育人们要忠诚孝顺，说话慎重，行为端正，要立足于社会并使自己美好的名声传播久远，这些道理，已经说得很周全了。魏、晋以来，诸如此类的著作，道理重复，内容照搬，前后雷同，就好比屋里再建屋子，床上再放床一样，都是多余的。如今我又来写这种书，并不打算以它做世人行为的规范，只是为了整顿颜家门风，警醒后辈罢了。同样一句话，有的人会信服，是因为说话者是他们所亲近的人；同样一个命令，有的人会执行，是因为下命令者是他们所敬佩的人。要禁止孩子的过分淘气，师友的劝诫比不上侍婢的命令；要制止兄弟间的争斗，尧、舜的教导还不如他们妻子的劝解。我希望这本书能被你们信服，希望它能胜过侍婢对孩童、妻子对丈夫所说的话。

吾家风教①，素为整密。昔在龆龀②，便蒙诱诲；每从两兄，晓夕温清③，规行矩步，安辞定色，锵锵翼翼④，若朝严君焉。赐以优言，问所好尚，励短引长，莫不恳笃。年始九岁，便丁荼蓼⑤，家涂⑥离散，百口索然⑦。慈兄鞠养，苦辛备至；有仁无威，导示不切。虽读《礼》《传》，微爱属文⑧，颇为凡人之所陶染⑨，肆欲轻言，不修边幅。年十八九，少知砥砺⑩，习若自然，卒难洗荡，二十已后，大过稀焉；每常心共口敌⑪，性与情竞⑫，夜觉晓非，今悔昨失，自怜无教，以至于斯。追思平昔之指⑬，铭肌镂骨，非徒古书之诫，经目过耳也。故留此二十篇，以为汝曹后车⑭耳。

【注释】

① 风教：门风家教。

② 龆龀（tiáo chèn）：儿童换齿时，指童年。

③ 温清（qìng）：温，温被使暖。清，扇席使凉。古代子女侍奉父母之举。

④ 锵锵翼翼：举止恭敬有礼，走路小心翼翼。

⑤ 丁：遭遇。古时称遭逢父母死丧为丁忧。荼蓼（tú liǎo）：本义为苦菜、野菜，此处比喻艰辛、困苦。

⑥ 家涂：家道。

⑦ 百口：全家及亲属。索然：离散零落的样子。

⑧ 属（zhǔ）文：写文章。

⑨ 陶染：熏陶染习。

⑩ 少：稍，略。砥砺：磨炼。

⑪ 心共口敌：指内心想的和嘴里说的不一样。

⑫ 性与情竞：本性善与情欲恶相互争斗。

⑬ 指：通“旨”，意向兴趣。

⑭ 后车：后继之车，引申为借鉴。

【译文】

我颜家的门风家教，一向严谨缜密。在童年的时候，我就受到了这方面的启蒙和教育；跟着我两位兄长，早晚侍奉双亲，冬日暖被，夏天扇凉，做事循规蹈矩，神色安详，言语平和，走路小心翼翼，如同朝见君王一样。双亲经常勉励我，关心我的喜好志向，鼓励我克服自己的短处，表扬我的长处，态度恳切深厚。我刚满九岁时，双亲便去世了，家道中衰，人口萧条。慈爱的兄长抚养我长大，历尽了千辛万苦；但他多慈爱而少威严，对我的教育不够严厉。我虽然读了《周礼》和《左传》，喜欢写点文章，但因为受世俗之人影响，所以轻狂放纵，信口开河，而且不修边幅。到了十八九岁时，才稍稍懂得要磨砺自己的操行，但陋习已成自然，最终还是难以彻底改掉。二十岁以后，大的过失很少犯了，但还常常口是心非，善性与私情相矛盾，夜晚省察白天的错误，今日追悔昨日的过失，我遗憾因为小时候没有得到好的教育，才至此地步。追想平素所立之志，这种感受真是铭心刻骨，绝不是读读古书上的告诫就能体会到的。所以，我留下这二十篇家训，作为你们的后车之鉴。

教子第二

上智不教而成，下愚虽教无益，中庸之人[①]，不教不知也。古者，圣王有胎教之法：怀子三月，出居别宫，目不邪视，耳不妄听，音声滋味，以礼节之。书之玉版，藏诸金匮[②]。生子咳哫[③]，师保[④]固明孝仁礼义，导习之矣。凡庶纵不能尔[⑤]，当及婴稚，识人颜色，知人喜怒，便加教诲，使为则为，使止则止。比及数岁，可省笞罚。父母威严而有慈，则子女畏慎而生孝矣。吾见世间，无教而有爱，每不能然；饮食运为[⑥]，恣其所欲，宜诫翻奖，应诃反笑，至有识知，谓法当尔。骄慢已习，方复制之，捶挞至死而无威，忿怒日隆而增怨，逮于成长，终为败德。孔子云"少成若天性，习惯如自然"是也。俗谚曰："教妇初来，教儿婴孩。"诚哉斯语！

【注释】

① 中庸之人：智力平常的人。

② 金匮（guì）：铜制的柜子。

③ 咳哫（tí）：指小儿啼哭、笑闹。

④ 师保：古代教导皇室贵族子弟的官员，有师有保，统称师保。

⑤ 尔：如此，这样。

⑥ 运为：言论行为。

【译文】

天赋超群的人，不用教导也能成材；天赋低下的人，虽受教导也于事无补；天赋中等的人，不教导就不会懂得事理。古时候，圣贤的君王就创造了胎教的方法：妃嫔怀孕三个月时，就要住在专门的房间，眼不看不该看的东西，耳不听胡言乱语，她所听的音乐、日常的饮食，都要受到礼仪的约束。还专门把这种胎教的方法记录在典籍中，收藏在铜柜里。孩子出生后，还在幼儿时，就确定了太师、太保，开始对他进行孝、仁、礼、义等方面的教育，并引导他温实践习。平民百姓纵然不能做到这样，也该在孩子已成幼儿，能识得大人的脸色、看懂大人的喜怒时，对他进行教育，做到大人同意他才做，不同意他做就立刻停止。这样等孩子长到几岁大时，就可以省去对他使用笞杖的惩罚了。父母威严而又慈爱，子女自然敬畏谨慎，从而产生孝心。我见世上有些父母，对子女不加教育，只是一味溺爱，我对此不以为然；他们对子女的饮食言行，总是放纵迁就任其为所欲为，该训斥阻止的反而夸奖鼓励，该严肃的反而和颜悦色。孩子长大懂事以后，就会认为理应如此。孩子骄横傲慢的习性已经养成，才想到要去管束制约，就算把他们鞭打至死，父母的威信也难以再树立，父母的愤怒导致子女的怨恨之情日益加深，等到孩子长大成人，终究会成为道德败坏之人。孔子所谓“少年时培养的品德宛如天生一般，从小养成的习惯恰似自然形成”，讲的正是这个道理。俗谚说：“教导媳妇要趁刚入门时，教育儿女要在孩提时。”这话说得很有道理。

凡人不能教子女者，亦非欲陷其罪恶；但重[①]于诃怒伤其颜色，不忍楚挞[②]惨其肌肤耳。当以疾病为谕，安得不用汤药针艾救之哉？又宜思勤督训者，可愿苛虐于骨肉乎？诚不得已也。

【注释】

①重：难。

②楚挞（tà）：杖打。

【译文】

一般家长不教育呵斥子女，并非想让子女走向犯罪；只是不愿见到子女因受呵斥而神色沮丧，不忍抽打子女，使其皮肉受苦。这该用治病来打比喻，一个人生了病，哪有不用汤药、针灸就能痊愈的呢？想一想那些勤于督促训导子女的父母，难道他们愿意虐待自己的亲骨肉吗？确实是不得已啊。

王大司马母魏夫人，性甚严正。王在湓城[①]时，为三千人将，年逾四十，少不如意，犹捶挞之，故能成其勋业。梁元帝时，有一学士，聪敏有才，为父所宠，失于教义。一言之是，遍于行路[②]，终年誉之；一行之非，掩藏文饰，冀其自改。年登婚宦[③]，暴慢日滋，竟以言语不择，为周逖抽肠衅鼓[④]云。

【注释】

①湓（pén）城：也称盆口，湓浦，是湓水汇入长江之处，即今江西九江。

②行路：路上的行人，尤言陌生人。

③婚宦：结婚和为官。这里指成年。

④衅鼓：以牲血涂鼓，即祭鼓。

【译文】

大司马王僧辩的母亲魏夫人，性格非常严谨正直。王僧辩在湓城时，是统率三千将士的将领，年纪过四十了，但母亲稍对他的言行不满意，仍用棍棒惩罚他。所以，王僧辩才能成就功业。梁元帝时，有一位读书人，聪明且有才气，深受父亲宠爱，疏于管教。他一句话说得漂亮，父亲就到处宣扬，恨不得过往行人都知道，一年到头地挂在嘴上；他若做错了一件事，父亲极力为他遮掩粉饰，希望他自己能够改正。这个读书人成年以后，粗暴傲慢的脾气日甚一日，最后因为言语不检点，冒犯了周逖，被周逖抽出肠子，用他的血来祭战鼓。

父子之严，不可以狎[①]；骨肉之爱，不可以简[②]。简则慈孝不接，狎则怠慢生焉。由命士[③]以上，父子异宫[④]，此不狎之道也；抑搔[⑤]痒痛，悬衾箧枕[⑥]，此不简之教也。或问曰："陈亢喜闻君子之远其子，何谓也？"对曰："有是也。盖君子之不亲教其子也。《诗》有讽刺之辞，《礼》有嫌疑之诫，《书》有悖乱之事，《春秋》有邪僻之讥，《易》有备物之象：皆非父子之可通言，故不亲授耳。"

【注释】

①狎（xiá）：亲近而不庄重。

②简：怠慢，简慢。

③命士：指受朝廷爵命的士。

④宫：房屋，住宅。

⑤抑搔：按摩。

⑥悬衾箧（qiè）枕：把被子捆好悬挂起来，把枕头放进箱子里。

【译文】

父子之间的关系要严肃庄重，不可以过分亲昵；骨肉之间的互相关爱，不可以简慢不拘礼节。过于简慢就不能做到父慈子孝，过分亲昵就会滋生放肆不敬之心。一旦儿子受到朝廷命士以上的封赏，父子都不同室居住，这就是避免父子之间不过分亲昵的方法。至于父母身体不适时，儿女为他们按摩抓搔；父母每天起床后，儿女为他们整理卧具，这些都是避免简慢父母的方法。有人要问："孔子的弟子陈亢听到孔子疏远自己的儿子，感到高兴，这是什么原因呢？"回答是："这是有道理的。因为君子不亲自教育他的孩子。《诗经》里有讽刺君主的言辞，《礼记》中有自避嫌疑的告诫，《尚书》里有违礼作乱的事，《春秋》中有对淫乱行为的指责，《易经》里有备物致用的卦象，这些都不是父亲可以直接和子女谈论的话题，所以君子不亲自教授自己的孩子。"

齐武成帝子琅邪王，太子母弟也，生而聪慧，帝及后并笃爱之，衣服饮食，与东宫相准①。帝每面称之曰："此黠②儿也，当有所成。"及太子即位，王居别宫，礼数优僭③，不与诸王等。太后犹谓不足，常以为言。年十许岁，骄恣无节，器服玩好，必拟乘舆④；尝朝南殿，见典御⑤进新冰，钩盾⑥献早李，还索不得，遂大怒，询⑦曰："至尊已有，我何意无？"不知分齐⑧，率皆如此。识者多有叔段、州吁⑨之讥。后嫌宰相，遂矫诏斩之，又惧有救，乃勒麾下军士，防守殿门；既无反心，受劳而罢，后竟坐此幽薨⑩。

【注释】

①东宫：太子所居之处，代指太子。准：参照。

②黠（xiá）：聪明狡猾。

③礼数：古代按名位而分的礼仪等级制度。僭：超越本分。

④乘舆：皇帝的车子，后用以代指皇帝。

⑤典御：古代主管帝王饮食的官员。

⑥钩盾：古代主管皇家园林等的官员。

⑦诟（gòu）：詈骂。

⑧分齐（jì）：等级之间的界限。

⑨叔段：即共叔段，春秋时期郑庄公的弟弟，从小受到母亲的溺爱，多行不义。后起兵谋反失败，逃亡至共地。州吁：春秋时期卫庄公的儿子，受到庄公的宠爱。桓公即位后，州吁作乱，自立为君，被大臣除掉。

⑩薨（hōng）：古代称侯王死为“薨”。

【译文】

齐武成帝高湛的三儿子琅邪王高俨，是太子高纬的同胞弟弟，他天生聪敏，武成帝和皇后都非常喜爱他，不论穿的吃的都和太子同级别。武成帝经常当面夸赞他说：“这孩子聪敏过人，将来必定有所成就。”太子即位后，琅邪王移居到别宫，他享受的待遇仍然十分优厚，超过其他诸侯王。即便如此，太后还不满意，常为此向皇帝进言。琅邪王才十几岁，就骄横放肆得不知节制，在器物、服饰、赏玩之物等方面都要与皇帝相比。他有一次去南殿朝拜，见到典御官向皇帝进献刚从地窖里取出的冰块，钩盾令进献早熟的李子，回府后他就派人去索取，没有得到，他就大发雷霆，骂道：“皇帝有的东西，我为什么没有？”他的言行不知君臣之别，在其他事情上也大都这样。有识之士多指责他与古代的共叔段、州吁是一类人。后来，琅邪王假传圣旨，把和他有矛盾的宰相杀了，害怕皇帝发兵来救，竟命令手下的军士守住皇帝宫殿的大门。他本无反叛之心，虽然受到安抚后也撤兵了，但最终还是因此被皇帝密令除掉。

人之爱子，罕亦能均；自古及今，此弊多矣。贤俊者自可赏爱，顽鲁者亦当矜怜。有偏宠者，虽欲以厚之，更所以祸之。共叔[1]之死，母实为之；赵王[2]之戮，父实使之。刘表之倾宗覆族，袁绍之地裂兵亡，可为灵龟明鉴[3]也。

【注释】

① 共（gōng）叔：即共叔段。

② 赵王：指汉高祖与戚夫人的儿子赵隐王如意。汉高祖曾经想立他为太子，后因大臣阻止而作罢。高祖死后，吕后将戚夫人囚禁，制成“人彘”，并将如意毒害。

③ 灵龟明鉴：古人以龟壳占卜，以铜镜照形，故以此二物比喻可资借鉴的事。

【译文】

家长都喜爱自己的孩子，却很少能做到一视同仁。从古到今，这造成的弊病太多了。那聪慧俊秀的孩子，当然值得赏识喜爱，那天资愚笨的孩子，也应该关心怜惜才是。偏宠某一个孩子，虽然本意是想多给他好处，反而因此给他带来灾祸。共叔段的死，实际是他母亲的责任；赵王如意被杀，实际是他父亲的责任。其他像刘表的宗族倾覆，袁绍的兵败地失，这些事例都可作为例子供人借鉴啊。

齐朝有一士大夫，尝谓吾曰：“我有一儿，年已十七，颇晓书疏[1]，教其鲜卑语及弹琵琶，稍欲通解，以此伏事[2]公卿，无不宠爱，亦要事也。”吾时俛[3]而不答。异哉，此人之教子也！若由此业，自致卿相，亦不愿汝曹为之。

【注释】

① 书疏：指文书信函等的书写。

② 伏事：即服侍。伏，通“服”。

③ 俛（fǔ）：通“俯”，低头。

【译文】

齐朝有位士大夫，曾经和我说："我有个儿子，已经十七岁了，熟练掌握公文的书写，教他说鲜卑语、弹奏琵琶，稍稍入门，就用这些技能来服侍王公贵族，王公贵族没有不喜欢宠爱他的，这也是他的本事啊。"我当时低头不语。此人教育孩子的方法，真让人惊异啊！如果凭这些去服侍人，即便能够官至卿相，我也不愿你们这样做。

兄弟第三

夫有人民而后有夫妇，有夫妇而后有父子，有父子而后有兄弟：一家之亲，此三而已矣。自兹以往，至于九族[①]，皆本于三亲焉，故于人伦为重者也，不可不笃[②]。兄弟者，分形连气[③]之人也。方其幼也，父母左提右挈[④]，前襟后裾，食则同案，衣则传服[⑤]，学则连业[⑥]，游则共方，虽有悖乱之人，不能不相爱也。及其壮也，各妻其妻，各子其子，虽有笃厚之人，不能不少衰也。娣姒[⑦]之比兄弟，则疏薄矣；今使疏薄之人，而节量亲厚之恩，犹方底而圆盖，必不合矣。惟友悌[⑧]深至，不为旁人之所移者，免夫！

【注释】

① 九族：指自身以上的父、祖、曾祖、高祖和以下的子、孙、曾孙、玄孙。

② 笃：诚实，认真对待。

③ 分形连气：形体不同，气息相通。

④ 挈（qiè）：领，扶持。

⑤ 传服：大孩子穿过的衣服传给小孩子穿。

⑥ 连业：哥哥读过的书籍，弟弟又接着读。

⑦ 娣姒（dì sì）：兄弟之妻相互称呼，即“妯娌”。娣，弟妹。姒，嫂。

⑧ 友：兄护弟。悌：弟敬兄。

【译文】

有了人类以后就会有夫妻，有了夫妻以后就会有父子，有了父子以后就可能有兄弟：一个家庭中，就这三层亲人。由这三种关系，可以推至“九族”，九族都本源于三种亲属关系，人伦关系中最重要的就是三亲，必须加以重视。兄弟，是同母所生，形体不同，而血脉相通的人。他们幼年的时候，父母左手牵一个，右手拉一个；一个拽着父母的前襟，一个抓住父母的后摆；吃饭时用一张桌子；穿衣服是哥哥穿旧了传给弟弟；学习时，哥哥用过的课本，再传给弟弟；就连上学，兄弟也是去问一个地方。兄弟之中，即使有悖礼昏聩的人，也不能不相亲友爱。等到他们长大成人，各自娶了妻子，各自有了孩子，即使忠诚厚道的人，兄弟间的感情也不可能不渐渐减弱。至于妯娌比起兄弟来，关系就更加疏远淡薄了；如今让感情淡远缺少亲情的妯娌来节制深厚的兄弟感情，就好像方形的底座配以圆形的盖子，必定难以吻合。只有相亲相爱、感情牢固、不会受妻子影响而改变的兄弟，才可避免上述情况。

二亲既殁①，兄弟相顾，当如形之与影，声之与响；爱先人之遗体②，惜己身之分气③，非兄弟何念哉？兄弟之际，异于他人，望深④则易怨，地亲则易弭⑤。譬犹居室，一穴则塞之，一隙则涂之，则无颓毁之虑；如雀鼠之不恤，风雨之不防，壁陷楹沦⑥，无可救矣。仆妾之为雀鼠，妻子之为风雨，甚哉！

【注释】

①殁（mò）：死。

②遗体：古人认为自己的身体为父母死后遗留下来的，故称“遗体”。

③分气：分得父母的血气。

④望深：期望过高。

⑤地亲：地近情亲。弭：消除，停止隔阂。

⑥楹：厅堂前的柱子。沦：没落，塌陷，这里指摧折。

【译文】

父母去世后，留下的兄弟相互照顾，就像形体与它的影子、声音与它的回声一样不可分。互相爱护先辈所给予的躯体，互相珍惜从父母那里继承的血气，除了兄弟，谁会这样相亲相爱呢？兄弟之间的关系不同于旁人，相互期望过高就容易产生隔阂，而彼此关系亲密的话，隔阂也就容易消除。这就好比房子，出现一个洞就立刻堵上，裂了一条缝就马上填补，那么房子就没有倒塌的危险。如果对麻雀、老鼠的侵害不在意，对风雨的侵蚀不加提防，等到墙壁倒塌，屋柱摧折时，就无法补救了。奴仆、婢妾比起麻雀、老鼠，妻儿比起风雨，他们的危害更加厉害呀！

兄弟不睦，则子侄不爱；子侄不爱，则群从[①]疏薄；群从疏薄，则僮仆为仇敌矣。如此，则行路皆踖其面而蹈其心[②]，谁救之哉！人或交天下之士，皆有欢爱，而失敬于兄者，何其能多而不能少也！人或将数万之师，得其死力，而失恩于弟者，何其能疏而不能亲也！

【注释】

①群从：与“子侄”同辈的族中子弟。

②踖（jí）：践踏。蹈：踩。

【译文】

如果兄弟之间不和睦，那么子侄就不会互相爱护；子侄不互相爱护，家族中的子弟感情都会疏远；族中子弟关系疏远，感情淡薄，那么僮仆之间就会相互仇视了。这样的话，陌生人都可以任意欺凌他们，谁还会来救他们呢！有些人能够结交天下之士，并且友好相处，却不知尊敬自己的兄长，为什么他能和很多人和谐相处，却不能与自己为数不多的兄长友爱呢！有的人能统率数万人的军队，使部下为他拼命效力，却不能善待自己的弟弟，为什么对关系疏远的人能博爱，对关系亲密的人却寡恩呢！

娣姒者，多争之地也，使骨肉居之，亦不若各归四海，感霜露而相思，伫[①]日月之相望也。况以行路之人，处多争之地，能无间者，鲜矣。所以然者，以其当公务而执私情，处重责而怀薄义也；若能恕己而行，换子而抚，则此患不生矣。

【注释】

①伫（zhù）：久立等待。

【译文】

妯娌之间，是家庭纠纷的发源处，即使是亲姐妹，与其让她们嫁入同门而成为妯娌，还不如让她们远嫁各方，这样，她们才会临霜露而互相思念，望日月而期盼相聚。何况妯娌本来就是互不相识的陌生人，处于很多纠纷的环境里，能够不生嫌隙的实在是很少。之所以会这样，是因为在处理大家庭的事务时大家都各怀私心，肩负重大责任时，心底却挂念着个人的恩怨而少讲道义；假如妯娌都能以宽恕仁爱的心处理事情，用对待自家孩子的态度去爱护子侄，那么妯娌不和的忧患就不会发生了。

人之事兄，不可[①]同于事父，何怨爱弟不及爱子乎？是反照而不明也。沛国刘琎尝与兄瓛连栋隔壁。瓛呼之数声不应，良久方答。瓛怪问之，乃曰："向来[②]未着衣帽故也。"以此事兄，可以免矣。

【注释】

①可：肯。

②向来：刚才，刚刚。

【译文】

人们不能以侍奉父亲的态度侍奉兄长，却为什么抱怨兄长对弟弟不像对自家孩子那般爱护？就是因为人们没有把两件事对照起来。沛国的刘琎住处与哥哥刘瓛的房子只隔一道墙壁。一次，刘瓛呼叫刘琎，连几声都没有人答应，过了好一会儿，才听见刘琎答应。刘瓛感到奇怪，问他为什么延迟回答，他说因为刚才还没有穿好衣戴好帽。以这样的态度侍奉兄长，可以不必担心兄弟不和了。

江陵王玄绍，弟孝英、子敏，兄弟三人，特相友爱，所得甘旨[①]新异，非共聚食，必不先尝，孜孜[②]色貌，相见如不足者。及西台陷没，玄绍以形体魁梧，为兵所围，二弟争共抱持，各求代死，终不得解，遂并命[③]尔。

【注释】

①甘旨：美味的食物。

②孜孜：勤勉的样子。

③并命：即相从而死。

【译文】

江陵王玄绍和弟弟孝英、子敏，兄弟三人非常友爱，谁要得到味美新奇的食物，除非三人一起共享，否则谁也不会先去品尝，兄弟间深厚情谊溢于言表，即便常常相见，仍觉得不满足。江陵陷没的时候，玄绍因为体形魁梧引人注目，被敌兵围住，两个弟弟争着抱住哥哥，请求代替哥哥而死，但终于未能得救，三人一同丧命。

后娶第四

吉甫，贤父也，伯奇，孝子也①。以贤父御②孝子，合得终于天性，而后妻间之，伯奇遂放。曾参③妇死，谓其子曰："吾不及吉甫，汝不及伯奇。"王骏④丧妻，亦谓人曰："我不及曾参，子不如华、元⑤。"并终身不娶，此等足以为诫。其后，假继⑥惨虐孤遗，离间骨肉，伤心断肠者，何可胜数。慎之哉！慎之哉！

【注释】

① 吉甫：尹吉甫，周宣王时大臣。伯奇：相传为尹吉甫长子。其母早亡，后母欲己子伯封为继承人，便在吉甫面前诬陷伯奇说："伯奇见妾美，有邪念。"吉甫不信。其后妻说："置妾空房中，尹登楼察之。"后妻把一只蜜蜂放到衣领上，让伯奇帮自己取下来。吉甫远远看到信以为真，大怒，放逐了伯奇。

② 御：驾驭，控制。此处指约束、管教。

③ 曾参：曾子，名参，字子舆，孔子弟子，以孝著称。

④ 王骏：西汉成帝时的大臣，效仿曾子，妻死而不续娶。

⑤ 华、元：曾华、曾元，曾子之子。

⑥ 假继：继母。

【译文】

尹吉甫是贤明的父亲，伯奇是孝顺的儿子。贤明的父亲管教孝顺的儿子，应当是最合乎天性的事了。但尹吉甫的后妻从中挑拨离间，伯奇竟被父亲赶走了。曾参的妻子死了，他对儿子说："我不如尹吉甫贤明，你也不如伯奇那样孝顺。"王骏在妻子死后，也对外人说："我不如曾参，我的儿子也不如曾华、曾元。"曾参、王骏两人都终身不再娶，这样的事足够让人引以为戒。在他们之后，继母残忍虐待前妻的孩子，离间父子关系，让人伤心断肠的事，实在多得不可胜数。所以，对于再娶这件事，一定要小心再小心啊！

江左不讳庶孽[①]，丧室之后，多以妾媵[②]终家事；疥癣蚊虻[③]，或未能免，限以大分[④]，故稀斗阋之耻。河北鄙于侧出[⑤]，不预人流[⑥]，是以必须重娶，至于三四，母年有少于子者。后母之弟，与前妇之兄，衣服饮食，爰及婚宦，至于士庶贵贱之隔，俗以为常。身没之后，辞讼[⑦]盈公门，谤辱彰道路，子诬母为妾，弟黜兄为佣，播扬先人之辞迹，暴露祖考之长短，以求直己者，往往而有。悲夫！自古奸臣佞妾，以一言陷人者众矣！况夫妇之义，晓夕移之，婢仆求容，助相说引，积年累月，安有孝子乎？此不可不畏。

【注释】

① 江左：即江东，长江下游以南地区。庶孽（niè）：古代称妾所生子女为庶孽。

② 妾媵（yìng）：古代诸侯贵族女子出嫁，从嫁的妹妹或侄女称媵，后来通称正妻以外的侍妾为妾媵。

③ 疥癣蚊虻（méng）：这里指家庭内部的一些无关紧要的矛盾纠纷。

④ 大分：名分。

⑤ 侧出：妾所生的子女。

⑥ 预：参预，进入。人流：有身份者的行列。

⑦ 讼：诉讼，打官司。

【译文】

江东一带的人不歧视婢妾所生的孩子，正妻死后，大多让妾来主持家事；家庭内有些小的纠纷不能避免，但限于婢妾的地位和名分，因此兄弟争斗这种有辱家门的丑事很少出现。黄河以北地区的人看不起婢妾所生的孩子，把他们当下等人看待，不给他们平等的名分，因此正妻死后，就一定会再娶，有的人甚至再娶三四次，继母年龄比前妻儿子的年纪还小。继母生的儿子与前妻所生的儿子，从衣服、饮食，到婚配、做官，都有着士人与庶人、贵族与下人的差别，而社会对此现象也习以为常。父亲去世之后，家庭成员常闹纠纷并诉讼至官府，相互诽谤辱骂，连路人都能听到。前妻之子骂后母是侍妾，后妻之子辱前妻之子为奴仆。他们大肆宣扬先人的生前言行，争相暴露祖先的是非短长，想以此证明自己有道理，这种事经常发生。可悲啊！自古以来，奸臣佞妾以一句话陷害他人致死的事例太多了！何况后母凭借夫妻间的关系和情义，日夜在丈夫面前说他子女的坏话，奴婢为了讨主人的欢心，也在一旁帮着劝说引诱，这样日积月累，哪里还会有孝子呢？这不能不让人生畏啊。

凡庸之性，后夫多宠前夫之孤，后妻必虐前妻之子；非唯妇人怀嫉妒之情，丈夫有沉惑①之僻，亦事势使之然也。前夫之孤，不敢与我子争家，提携鞠养②，积习生爱，故宠之；前妻之子，每居己生之上，宦学婚嫁，莫不为防焉，故虐之。异姓③宠则父母被怨，继亲④虐则兄弟为仇，家有此者，皆门户之祸也。

【注释】

①沉惑：沉迷、迷惑。

②鞠养：养育，抚养。

③异姓：前夫之子，因为子女跟从父姓，和继父不同姓，所以称“异姓”。

④继亲：后母。

【译文】

一般人的性情，后夫大多宠爱前夫的小孩，后妻则必定会虐待前妻的小孩；这不只是因为妇人天生嫉妒心重，男子本性容易被后妻迷惑，其实是环境和事物发展的必然结果。前夫的孩子，不敢与自己的孩子争夺家产，在这种情况下，后父从小照顾抚养他，日子一长自然就会产生感情，所以后父会宠爱他；前妻的孩子，身份地位一般都在自己的孩子之上，无论做官进学还是成家，没有一样不要防范的，后母因此会虐待他们。父母宠爱异姓孩子则会招致自己孩子的怨恨，继母虐待前妻的孩子则会使兄弟变成仇敌，若家里发生这类问题，都是家庭的不幸啊。

思鲁等从舅殷外臣[①]，博达之士也。有子基、谌，皆已成立，而再娶王氏。基每拜见后母，感慕[②]呜咽，不能自持，家人莫忍仰视。王亦凄怆，不知所容，旬月[③]求退，便以礼遣，此亦悔事也。

【注释】

①思鲁：字孔归，颜之推的长子。从舅：母亲的叔伯兄弟称从舅。

②感慕：感念思慕。

③旬月：一个月。

【译文】

思鲁等人的从舅殷外臣，是渊博通达之人。他有两个儿子殷基、殷谌，都已长大成人，而他在妻子死后又续了王氏。殷基每次拜见继母，都会想念生母而泣不成声，无法控制自己，家人都不忍心看他。王氏见了也感到伤心，不知该如何面对他，因此过门一个月就请求退婚，殷外臣只好依礼将她送回娘家。这也是一件让人遗憾的事啊。

《后汉书》曰："安帝时，汝南薛包孟尝，好学笃行，丧母，以至孝闻。及父娶后妻而憎包，分出之。包日夜号泣，不能去，至被殴杖。不得已，庐[①]于舍外，旦入而洒扫[②]。父怒，又逐之，乃庐于里门[③]，昏晨不废[④]。积岁余，父母惭而还之。后行六年服，丧过乎哀[⑤]。既而弟子求分财异居，包不能止，乃中分其财；奴婢引其老者，曰：'与我共事久，若[⑥]不能使也。'田庐取其荒顿[⑦]者，曰：'吾少时所理[⑧]，意所恋也。'器物取其朽败者，曰：'我素所服[⑨]食，身口所安也。'弟了数破其产，还复赈给。建光中，公车[⑩]特征，至拜侍中。包性恬虚，称疾不起，以死自乞。有诏赐告归也。"

【注释】

①庐：指搭建简陋的房子。

②洒扫：洒水打扫。

③里门：乡里之门。古人聚族列里而居，里有里门。

④昏晨不废：坚持早晚定时向父母请安。

⑤丧过乎哀：守丧超过哀礼的限制。古代父母死子女服丧三年，薛包行六年服，所以说“丧过乎哀”。

⑥若：你，你们。

⑦荒顿：荒芜废弃。

⑧理：整理。

⑨服：用。

⑩公车：汉代官署名。卫尉的下属机构，设公车令，掌管宫殿中司马门的警卫工作。臣民上书和征召，都由公车接待。

【译文】

《后汉书》上记载：“安帝时，汝南人薛包，字孟尝，他勤奋好学，厚道正直，母亲去世，他因特别孝顺而闻名乡里。他的父亲再娶之后，就开始憎恶薛包，将他赶出家门。薛包日夜哭泣，不愿离开，以致被父亲殴打。迫不得已，薛包只好在家门外搭了间简陋的房子住着，每天早上都回家打扫庭院。他的父亲十分生气，又驱赶他，于是薛包就只得在里门建屋而居，但每天早晚仍不间断地向父母问安。这样过了一年多，他的父母也感到很惭愧，就让他搬回家了。父母逝世后，薛包守孝六年，超过一般守孝三年的礼仪，悲哀得有点过分。不久，弟弟要求分割家产自立门户，薛包阻止不了他，只好将家产平分。仆人婢女，他主动要年老体弱的，并且说：‘他们与我共事的时间长，你使唤不了。’田地房屋，他把荒芜破败的分给自己，说：‘这些是我小时候耕种整理过的，我对它们有感情。’器物，他取的是破旧腐朽的，说：‘这都是我平时使用的，已经用惯了。’分家后，他的弟弟几次把自己的家产败光了，薛包便一次又一次接济他。建光年间，政府特意征召他，并且任用他为侍中。薛包生性超脱，称病不赴职，乞求回家终老。朝廷就下诏令允许他回家休养。”

治家第五

夫风化[1]者，自上而行于下者也，自先而施于后者也。是以父不慈则子不孝，兄不友则弟不恭，夫不义则妇不顺矣。父慈而子逆，兄友而弟傲，夫义而妇陵[2]，则天之凶民，乃刑戮之所摄[3]，非训导之所移也。

【注释】

①风化：教育感化。

②陵：侵侮，欺侮。

③摄：通“慑”，使人惧怕。

【译文】

教育感化的事，是由上至下推行、前人影响后人的。所以，父亲不慈爱，子女就不会孝；兄长不友爱，弟弟就不会恭敬；丈夫不讲情义，妻子就不会柔顺。假如父亲非常慈爱而子女忤逆不孝，兄长非常友爱而弟弟傲慢不恭，丈夫情谊深厚而妻子霸气凌人，那他们就是天生的恶人，只能用刑罚杀戮去震慑他们，教育感化是难以改变他们的。

笞怒废于家，则竖子之过立见[1]；刑罚不中[2]，则民无所措手足。治家之宽猛[3]，亦犹国焉。

【注释】

①竖子：指孩子。见：通“现”，显现。

②中：适当，合适。

③宽猛：宽松和严厉。

【译文】

如果在家庭管理方面取消责罚，那么孩子们马上就会犯下过失；如果国家的刑罚措施使用不当，那么老百姓就无所遵从不知如何是好。治家的宽严标准好比治国一样。

孔子曰："奢则不孙，俭则固；与其不孙也，宁固[①]。"又云："如有周公之才之美，使骄且吝，其余不足观[②]也已。"然则可俭而不可吝已。俭者，省约为礼之谓也；吝者，穷急不恤之谓也。今有施则奢，俭则吝；如能施而不奢，俭而不吝，可矣。

【注释】

①孙：通"逊"，谦逊。固：鄙陋寒酸。

②不足观：不值得称道。

【译文】

孔子说："奢侈了就不谦逊，节俭了就寒酸。与其不谦逊，宁可寒酸。"又说："即使一个人像周公那样富有才华和美貌，只要他骄傲又吝啬，便不值一提。"这样说来，那就是可以节俭而不可以吝啬。节俭，是指依据礼制节省开支；吝啬，是指对穷苦急难的人不怜悯也不加救助。如今乐于施舍的人往往奢侈无度，节俭的人又吝啬之极；假如能施舍于他人而不奢侈，勤俭节约又不吝啬，那就可以了。

生民之本，要当稼穑[①]而食，桑麻以衣。蔬果之畜，园场之所产；鸡豚之善，埘圈之所生[②]。爰及栋宇器械，樵苏[③]脂烛，莫非种殖之物也。至能守其业者，闭门而为生之具以足，但家无盐井耳。今北土风俗，率能躬俭节用，以赡[④]衣食；江南奢侈，多不逮焉。

【注释】

①稼穑（sè）：泛指农业生产。

②善：通"膳"。埘（shí）：鸡窝。

③樵苏：柴草。

④赡：供给。

【译文】

百姓生存的根本，是种植庄稼来解决吃饭的问题，靠种植桑麻来织布穿衣。蔬菜瓜果的积存，来源于园圃的生产。鸡肉、猪肉等食物，来自于鸡窝猪圈里的饲养。至于房屋器械、柴草蜡烛之类，无不来自于耕种养殖之物。那些善于经营家业的人，关上家门，生活所需的物品就可自给自足，只是家里没有盐井罢了。如今北方的风俗，大部分家庭都能勤俭节约，以保障衣食之用；而江南地区的风俗较为奢侈，比不上北方人节俭有度。

梁孝元世，有中书舍人①，治家失度，而过严刻。妻妾遂共货②刺客，伺醉而杀之。

【注释】

①中书舍人：官名，原称中书省通事舍人，为中书省属官，任起草诏令之职，参与机密，代行宰相职务，权力甚重。

②货：买通。

【译文】

梁元帝时期，有一位中书舍人，治家法度有所失当，处事过于严厉刻薄。他的妻妾无法忍受，就一起买通刺客，趁他喝醉时将他杀死了。

世间名士，但务宽仁；至于饮食饷馈①，僮仆减损，施惠然诺②，妻子节量，狎侮③宾客，侵耗乡党：此亦为家之巨蠹④矣。

【注释】

①饷馈：用食物招待或将食物赠予客人。

②然诺：许诺。

③狎侮：轻侮。

④蠹（dù）：蛀虫。此指为害家庭的人或事。

【译文】

如今世上的一些名士，治家力求宽厚仁慈，弄得日常饮食和馈赠待客的东西，童仆都敢从中抽取；答应接济他人的钱物，被妻子儿女克扣；甚至发生轻侮怠慢宾客，刻薄乡里百姓的事：这也是家庭中的大害啊。

齐吏部侍郎房文烈，未尝嗔怒，经霖①雨绝粮，遣婢籴米②，因而逃窜，三四许日，方复擒之。房徐曰："举家无食，汝何处来？"竟无捶挞。尝寄人宅[3]，奴婢彻[4]屋为薪略尽，闻之颦蹙[5]，卒无一言。

【注释】

①霖：连续下雨超过三日为"霖"。

②籴（dí）米：买米。

③寄人宅：以宅寄人，把房子借给别人。

④彻：通"撤"，拆毁。

⑤颦蹙（pín cù）：皱眉蹙额，不高兴的样子。

【译文】

齐朝的吏部侍郎房文烈，从不对人发怒，一次连下几天雨而家中断粮，他派一个婢女出去买米，那个婢女乘机逃走了，过了三四天，才被捉回。房文烈温和地说："全家人都没吃的了，你跑到哪里了？"竟然没有惩罚她。他还曾将自己的住宅借给别人住，那家的奴婢们把房子拆了当柴烧，都几乎拆干净了，他知晓后只是眉头紧皱，最终没说一句话。

裴子野有疏亲故属饥寒不能自济者，皆收养之。家素清贫，时逢水旱，二石米为薄粥，仅得遍焉，躬自同之，常无厌色。邺下有一领军[1]，贪积已甚，家僮八百，誓满一千；朝夕每人肴膳，以十五钱为率[2]，遇有客旅，更无以兼。后坐事伏法，籍[3]其家产，麻鞋一屋，弊衣数库，其余财宝，不可胜言。南阳有人，为生奥博[4]，性殊俭吝，冬至后女婿谒之，乃设一铜瓯酒，数脔[5]獐肉；婿恨其单率，一举尽之。主人愕然，俯仰[6]命益，如此者再。退而责其女曰："某郎[7]好酒，故汝常贫。"及其死后，诸子争财，兄遂杀弟。

【注释】

①邺下：邺城。领军：官名，东汉建安四年置此官，后改为中领军，掌管禁军。

②率：规格，标准。

③ 籍：籍没，查抄没收。

④ 奥博：富裕，积蓄丰厚。

⑤ 脔（luán）：切成小块的肉。

⑥ 俯仰：周旋，应付。

⑦ 郎：六朝人称婿为“郎”。

【译文】

南朝的裴子野每当有远亲故旧陷于饥寒而无力自救时，都尽力收留供养他们。裴子野家境向来清贫，碰上水旱灾害，每顿饭用二石米煮成稀粥，也只能让每个人都喝上一点，裴子野同大家一起喝粥，从没有不满的表情。邺城有一位将军，过于贪婪敛财，有奴仆八百人，还发誓要增加到一千。规定每人一天的饭菜，以十五钱为标准，如果遇到有客人来，也不再另外增加。后来这位将军因犯罪被处死，没收查抄他的家产时，光麻鞋就占了整整一屋子，旧衣服堆满了好几个仓库，其余财宝更是多得说不完。南阳有一个人积蓄十分丰厚，但生性吝啬。冬至后的一天，女婿来探望他，他只用一小铜瓯酒和几小块獐子肉来招待他。女婿恨他过于吝啬小气，就把酒肉一下子全吃了。他惊呆了，只得勉强应付添酒加菜，先后添加了两次。过后他就斥责女儿说：“你丈夫爱喝酒，所以你才受穷。”等他死后，他的儿子为了争夺财产，哥哥竟然杀了弟弟。

妇主中馈[①]，惟事酒食衣服之礼耳。国不可使预政，家不可使干蛊[②]。如有聪明才智，识达古今，正当辅佐君子，助其不足，必无牝鸡晨鸣[③]，以致祸也。

【注释】

① 中馈：指妇女在家中主持日常饮食等事。

② 干蛊（gǔ）：把持家政大权。

③ 牝（pìn）鸡晨鸣：牝鸡，母鸡。牝鸡晨鸣比喻女子主事。

【译文】

妇女主持家务，不过是保证家中有关饮食穿衣等方面的事合乎礼仪就行了。既不能让她干预国家政事，也不能让她把持家庭大权。如果她确实又聪明又有才干，并且通今博古，那么应当辅佐她的丈夫，以弥补丈夫的不足，这样就一定不会出现牝鸡司晨的现象，从而招致祸患。

江东妇女，略无交游。其婚姻之家，或十数年间，未相识者，惟以信命赠遗①，致殷勤焉。邺下风俗，专以妇持门户，争讼曲直，造请逢迎，车乘填街衢，绮罗盈府寺②，代子求官，为夫诉屈。此乃恒、代之遗风乎？南间贫素，皆事外饰，车乘衣服，必贵整齐；家人妻子，不免饥寒。河北人事③，多由内政④，绮罗金翠，不可废阙⑤，羸马悴奴，仅充而已；倡和⑥之礼，或尔汝⑦之。

【注释】

①信命赠遗：派使者传递书信，赠送礼物。

②府寺：官署，汉代郡国设置属官，亦如公府，故称郡国官署为府寺。

③人事：应酬交际。

④内政：家庭内部事务。这里借指主持家务的妻子。

⑤阙：通“缺”。

⑥倡和：夫唱妇随。

⑦尔汝：指夫妻间互相轻贱。

【译文】

江东的妇女，很少出外交游，她们双方亲家，有的十几年间不曾见面，只是遣人问候、互赠礼品，来表示殷勤。邺城的风俗，是专让妇女当家，她们上公堂争辩是非，在家中应酬交际，乘坐的车子挤满街道，她们穿着锦衣华服挤满官家的府衙，有的替儿子谋求官职，有的为丈夫哭诉冤屈。这大约是恒州、代郡地区的鲜卑遗风吧？南方地区，即使是贫寒人家，都注意外表打扮，车马和衣服一定要整齐；而家中的妻子儿女，却难免饥寒。黄河以北地区的交际应酬，也多由妻子出面，因此锦衣华服和金银珠翠都是不可缺少的，而家中瘦弱的马匹和憔悴的奴仆，不过是凑数罢了，至于夫妇之间的交谈，有时直接以“尔”“汝”相称。

河北妇人，织纴组紃[①]之事，黼黻[②]锦绣罗绮之工，大优于江东也。

【注释】

①织纴（rèn）组紃（xún）：纴为缯帛，组和紃为丝带。这里指妇女所从事的针织刺绣的事务。

②黼黻（fǔ fú）：古代礼服上所绣的花纹。

【译文】

黄河以北地区的妇女，从事编织的本领和织作刺绣的工艺，都远远超出江南妇女的水平。

太公[①]曰：“养女太多，一费也。”陈蕃[②]曰：“盗不过五女之门。”[③]女之为累，亦以深矣。然天生蒸民[④]，先人传体，其如之何？世人多不举[⑤]女，贼行[⑥]骨肉，岂当如此，而望福于天乎？吾有疏亲，家饶妓媵，诞育将及，便遣阍竖[⑦]守之。体有不安，窥窗倚户，若生女者，辄持将去；母随号泣，使人不忍闻也。

【注释】

①太公：姜太公。西周开国名臣。

②陈蕃：东汉名臣。

③盗不过五女之门：养五个女儿，五套嫁妆会把家弄得一贫如洗，连盗贼都不会光顾。

④蒸民：众民。

⑤举：养育，抚养。

⑥贼行：杀害，残害。

⑦阍（hūn）竖：守门的人。

【译文】

姜太公说：“生养女儿太多，是家中一项耗费。”后汉大臣陈蕃说过："盗贼不愿意偷盗有五个女儿的人家。"女儿办嫁妆使人耗资、受害也够深重了。但天生芸芸众生，又是先人遗传下的骨肉，能对她怎么样呢？世人多有生了女儿不养育，残害亲生骨肉的人，这样怎能盼望上天降福呢？我有个远亲，家里有许多妓妾，将要生育，就派僮仆守候着，临产时，守着门，从窗户向里窥视，如果生了女婴，马上抱走，产妇随即哭号，真叫人不忍心听。

妇人之性，率宠子婿而虐儿妇。宠婿，则兄弟之怨生焉；虐妇，则姊妹之谗行焉。然则女之行留①，皆得罪于其家者，母实为之。至有谚云："落索阿姑餐②。"此其相报也。家之常弊，可不诫哉！

【注释】

①行：在婆家。留：在娘家。

②落索：冷落萧索。阿姑：婆婆。

【译文】

女人的秉性，大都是喜爱女婿而虐待儿媳。宠爱女婿，则容易招致兄弟对姐妹的怨恨；虐待媳妇，则又使小姑子乘机进谗。因此，女子无论在婆家，还是在娘家，都会得罪家人，实际上这都是母亲造成的。以致有谚语说："婆婆吃饭好冷清。"这就是对她的报应。这种家庭常有的弊端，能不引起警惕吗？

婚姻素对①，靖侯②成规。近世嫁娶，遂有卖女纳财，买妇输绢，比量父祖，计较锱铢③，责多还少④，市井⑤无异。或猥⑥婿在门，或傲妇擅室⑦，贪荣求利，反招羞耻，可不慎欤！

【注释】

①素对：清白的配偶。

②靖侯：即颜之推九世祖颜含，字宏都，谥靖侯。桓温曾经请求与颜家结成婚姻，颜含认为桓温势力过于强盛，故而没有答应。

③锱铢（zī zhū）：古代很小的计量单位。比喻微小的事物。

④责：索取。还：回报。

⑤市井：指商贩。

⑥猥：卑鄙下流。

⑦擅室：指独断专行把持家政。

【译文】

男女婚嫁要选择清白人家，这是先祖靖侯立下的规矩。近年来，竟然有人出卖女儿捞取钱财，用绢帛买媳妇。为子女选配偶时，比较衡量对方父辈祖辈的家势官阶，计较对方财礼的多少；都想多索取少付出，讨价还价，和小商贩做买卖毫无二致。因此，有的人招来了下流鄙贱的女婿，有的人娶到了傲慢无礼、擅室专权的媳妇。因为贪图虚荣，反而招来羞耻。这种事，一定要慎重啊！

借人典籍，皆须爱护，先有缺坏，就为补治，此亦士大夫百行[①]之一也。济阳江禄，读书未竟，虽有急速[②]，必待卷束[③]整齐，然后得起，故无损败，人不厌其求假[④]焉。或有狼籍几案，分散部帙[⑤]，多为童幼婢妾之所点污，风雨虫鼠之所毁伤，实为累德[⑥]。吾每读圣人之书，未尝不肃敬对之；其故纸有《五经》词义，及贤达姓名，不敢秽用也。

【注释】

①百行：古代士大夫所订立身行己之道，共有百事，称之为百行。

②急速：急事。

③卷束：南北朝时，书籍是抄写在绢帛上，然后卷成一卷收藏，称之为书卷。卷束，即卷起束理。

④假：借。

⑤部：部分，类别。古代书籍多按内容分为部类收藏。帙（zhì）：古人用以装书卷的布套。

⑥累德：有损道德。

【译文】

借别人的书来读，一定要爱护，借来之前如有缺坏，就予以修补好，这也是士大夫该做的百善之一啊。济阳的江禄，在读书时，即使碰上急事，也一定先把书卷束整齐，然后才起身，所以他的书没有损坏的，别人也不反感他来借书。有的人把书乱七八糟地摊在桌上，那些分散的书卷，大多被孩童、婢女、侍妾玷污弄脏，或遭到风雨侵蚀、虫蛀鼠咬，这样做，实在有损道德。我每次读圣人的书，都严肃恭敬地对待它。废旧的纸张上如果有《五经》的文义以及圣贤的姓名，就决不敢拿来用在污秽之处。

吾家巫觋祷请[①]，绝于言议；符书章醮[②]，亦无祈焉，并汝曹所见也。勿为妖妄之费。

【注释】

① 巫觋（xí）：男女巫的合称。男为觋，女为巫。祷请：向鬼神祈祷请求。

② 符书章醮（jiào）：旧时道士用来驱鬼招神或治病延年的神秘文书。

【译文】

在我们家，从来不议论男女巫师来招神驱鬼的事，也不让道士来设坛祈祷，这都是你们所看到的。不要在这些妖邪虚妄的事情上枉费钱财。

风操第六

吾观《礼经》，圣人之教：箕帚匕箸[①]，咳唾[②]唯诺，执烛沃盥[③]，皆有节文[④]，亦为至矣。但既残缺，非复全书；其有所不载，及世事变改者，学达君子，自为节度，相承行之，故世号士大夫风操。而家门颇有不同，所见互称长短；然其阡陌[⑤]，亦自可知。昔在江南，目能视而见之，耳能听而闻之；蓬生麻中，不劳翰墨[⑥]。汝曹生于戎马之间，视听之所不晓，故聊记录，以传示子孙。

【注释】

① 箕（jī）帚：畚箕和扫帚，指家内洒扫之事。匕箸（zhù）：汤匙和筷子。

② 咳唾：咳嗽和吐唾沫。

③ 沃盥（guàn）：倒水洗手。

④ 节文：节制修饰。

⑤ 阡陌：途径。

⑥ 翰墨：笔墨。

【译文】

在我看来，《礼记》中充满了圣人的教诲：扫除和用餐，咳吐和应答，执烛和盥洗，这些行为如何节制和修饰，已经说得非常周详全面了。只是此书已残缺，无法看到它的全貌。对它没有记载，以及因时代变迁需要相应改变的行为，后世有学问的君子，便自行制定了节制的尺度，承继推行，所以被世人称为士大夫的风度和节操。然而家庭各有不同，对所见礼仪规范的优劣看法不尽相同，但其应遵循的基本途径，仍然可以知道。从前在江南，对这种风操，我看到过，也听到过。蓬草生长在麻中，不需规范自然长直。你们生于战乱之中，不曾听说也不曾见过，所以我姑且记录下来，以传给子孙。

《礼》曰："见似目瞿[①]，闻名心瞿。"有所感触，恻怆心眼；若在从容平常之地，幸须申其情耳。必不可避，亦当忍之。犹如伯叔兄弟，酷类先人，可得终身肠断，与之绝耶？又："临文不讳，庙中不讳，君所无私讳。"益知闻名，须有消息[②]，不必期于颠沛[③]而走也。梁世谢举，甚有声誉，闻讳必哭，为世所讥。又有臧逢世，臧严之子也，笃学修行，不坠门风。孝元经牧江州，遣往建昌督事，郡县民庶，竞修笺书，朝夕辐辏[④]，几案盈积，书有称"严寒"者，必对之流涕，不省[⑤]取记，多废公事，物情[⑥]怨骇，竟以不办而还。此并过事也。

【注释】

①瞿（jù）：吃惊的样子。

②消息：斟酌看情况办。

③颠沛：颠覆，仆倒。此处形容听到先人名讳后立即趋避。

④辐辏（còu）：车轴集中于轴心，此喻信函聚集于官署。

⑤省：检查，察看。

⑥物情：人情、人心。

【译文】

《礼记》上说："看见与过世父母容貌相似的人神情要恭敬；听到过世父母的名字，心中要惊惧不安。"这是因为有所感触，引发了内心的悲伤；若是在平常较为从容的地方发生这类事，可以把这种感情宣泄出来。遇到实在无法回避的，也应克制忍耐。比如自己的叔伯兄弟，若其相貌和过世的父亲很相似，你能一见他就伤心痛苦，以至终身不和他们往来么？《礼记》上又说："写文章不用避讳，在宗庙祭祀不用避讳，在国君面前不用避讳。"这是让我们明白：听到先人的名字时，应该先斟酌一下自己应取的态度，不一定非得避之唯恐不及。梁朝的谢举，很有名声，他一听到别人称父母的名字就痛哭，因此被人讥笑。还有一位臧逢世，是臧严的儿子，刻苦好学，操行端正，坚守仕宦人家门风。梁元帝任江州刺史时，派他到建昌督办政事，当地百姓递来的信函集中到官署，几案都堆得满满的，臧逢世在处理公务时，看到信函中出现“严寒”一类字样，一定会对着它痛哭，以至忘记批阅，因此经常耽误公事，人们对此多有抱怨，他最终因影响公事被召回。这些都是避讳不当的事例啊。

近在扬都，有一士人讳审，而与沈氏交结周厚[1]，沈与其书，名而不姓，此非人情也。

【注释】

① 周厚：关系亲密。

【译文】

不久前在扬州，有个士人避讳“审”字的，却和姓沈的人结交，友情深厚，姓沈的给他写信，只署名而不写上“沈”姓，这是不懂人情之故。

凡避讳者，皆须得其同训[1]以代换之：桓公[2]名白，博[3]有五皓之称；厉王[4]名长，琴有修短之目。不闻谓布帛为布皓，呼肾肠为肾修也。梁武小名阿练，子孙皆呼练为绢；乃谓销炼物为销绢物，恐乖其义。或有讳云者，呼纷纭为纷烟；有讳桐者，呼梧桐树为白铁树，便似戏笑耳。

【注释】

① 训：解说。

② 桓公：齐桓公，春秋五霸之首，名小白。

③ 博：博戏，古代的一种赌博游戏。

④ 厉王：西汉淮南厉王，姓刘，名长。

【译文】

凡是要避讳的字，都必须用同义字来替换：齐桓公名叫小白，所以博戏中的“五白”便称为“五皓”；淮南厉王名长，所以“琴有长短”就说成“琴有修短”。但还没有听说过把“布帛”称作“布皓”，把“肾肠”称作“肾修”的。梁武帝的小名叫阿练，所以他的子孙都把“练”称作“绢”；然而把熔化金属的“销炼”物品称为“销绢”，恐怕就有悖于这个词的本义了。还有忌讳“云”

字的人，把“纷纭”叫作“纷烟”；忌讳“桐”字的人把“梧桐树”称作“白铁树”，这简直是近似儿戏了。

周公名子曰禽，孔子名儿曰鲤，止在其身，自可无禁。至若卫侯、魏公子、楚太子，皆名虮虱；长卿名犬子，王修名狗子，上有连及①，理未为通。古之所行，今之所笑也。北土多有名儿为驴驹、豚子者，使其自称及兄弟所名，亦何忍哉？前汉有尹翁归，后汉有郑翁归，梁家亦有孔翁归，又有顾翁宠；晋代有许思妣②、孟少孤，如此名字，幸当避之。

【注释】

①连及：联系涉及。

②妣（bǐ）：死去的母亲。

【译文】

周公为儿子取名伯禽，孔子为儿子取名鲤，这些名字只关系到称此名字的人，自然无禁忌的必要。可是像卫侯、韩公子、楚太子等人以“虮虱”为名；司马相如叫“犬子”，王修叫“狗子”，这就涉及他们的父辈，于理不通了。古人所采用的取名方式，到今天往往成为笑柄。北方地区多有给儿子取名为驴驹、豚子之类的，如果让他们这样自称或让兄弟这样称呼他，又怎么能忍受呢？前汉有人叫尹翁归，后汉有人叫郑翁归，梁朝有人叫孔翁归，还有人叫顾翁宠；晋代有人叫许思妣、孟少孤，像这类名字，还是尽量避免。

今人避讳，更急于古。凡名子者，当为孙地①。吾亲识中有讳襄、讳友、讳同、讳清、讳和、讳禹，交疏造次②，一座百犯，闻者辛苦，无憀赖③焉。

【注释】

①为孙地：为孙辈留有余地。

②亲识：亲友。交疏：应为“疏交”，指相交之远者。造次：马虎。

③ 无憀（liáo）赖：无所依从。

【译文】

现在的人讲求避讳，比古人更为严格。为儿子取名字，一定要为自己的孙辈留有余地。我的亲朋中有讳“襄”字的、讳“友”字的、讳“同”字的、讳“清”字的、讳“和”字的、讳“禹”字的，大家在一起，不太常交往的人一时马虎，很容易触及他们的忌讳，听到的人难过，说话的人往往也尴尬。

昔司马长卿慕蔺相如，故名相如；顾元叹慕蔡邕，故名雍，而后汉有朱伥字孙卿[①]；许暹字颜回；梁世有庾晏婴、祖孙登。连古人姓为名字，亦鄙事也。

【注释】

① 孙卿：即荀卿。

【译文】

从前，司马长卿因为仰慕蔺相如，就改名为相如；顾元叹仰慕蔡邕，就自更名为雍；而后汉有朱伥字孙卿；许暹字颜回；梁朝有庾晏婴、祖孙登。这些人竟然以古人连名带姓作为自己的名字，也算是浅陋的行为了。

昔刘文饶不忍骂奴为畜产[①]，今世愚人遂以相戏，或有指名为豚犊者。有识傍观，犹欲掩耳，况当之者乎？

【注释】

① 畜产：畜生，是骂人的话。

【译文】

从前，刘文饶不忍心客人骂奴仆为畜生，而现在有些愚蠢的人，却拿这类字眼互相戏谑，还有指名道姓称别人为猪为牛的。有见识的旁观者，尚且要把耳朵捂住，何况当事人呢？

近在议曹[①]，共平章百官秩禄[②]，有一显贵，当世名臣，意嫌所议过厚。齐朝有一两士族文学之人，谓此贵曰：“今日天下大同，须为百代典式，岂得尚作关中旧意？明公定是陶朱公大儿耳！”彼此欢笑，不以为嫌。

【注释】

① 议曹：汉代郡守所辟属吏之称，掌言职。

② 平章：商讨处理。秩禄：俸禄。

【译文】

最近我在议曹参加商讨百官俸禄标准的问题，有一位显贵，是当今名臣，认为大家商议的标准过于优厚了。有一两位原属齐朝士族的文学侍从，便对这位显贵说：“现在天下统一了，我们应该给后世树立典范，哪能仍然沿袭关中旧日的标准呢？您如此吝啬，一定是陶朱公的大儿子吧！”一起大笑，竟不伤和气。

昔侯霸①之子孙，称其祖父曰家公；陈思王②称其父为家父，母为家母；潘尼称其祖曰家祖：古人之所行，今人之所笑也。今南北风俗，言其祖及二亲，无云家者；田里猥人③，方有此言耳。凡与人言，言己世父④，以次第称之，不云家者，以尊于父⑤，不敢家也。凡言姑姊妹女子子⑥：已嫁，则以夫氏称之；在室，则以次第称之。言礼成他族⑦，不得云家也。子孙不得称家者，轻略之也。蔡邕书集，呼其姑姊为家姑家姊，班固书集，亦云家孙，今并不行也。

【注释】

① 侯霸：字君房，东汉人，官至大司徒。

② 陈思王：曹植。

③ 田里：乡野。猥人：鄙俗之人。

④ 世父：大伯父，后为伯父的通称。

⑤ 尊于父：伯父较父亲年长，故称之。

⑥ 女子子：女子。

⑦ 礼成他族：指女子出嫁到婆家。

【译文】

从前，侯霸的子孙称他们的祖父为家公；陈思王曹植称他的父亲为家父，称母亲为家母；潘尼称他的祖父为家祖：古代的人这种称呼，在今天的人看来就是笑话了。如今南北各地的风俗，谈及祖辈及父母时，没有称“家”的；只有乡野那些粗鄙的人，才这样称呼。凡是和别人谈话，提及自己的伯父，只按照排行顺序来称呼，不称“家”，是因为伯父比父亲年长，不敢称“家”。凡讲到姑姊妹等女子的时候：已经出嫁的就用她丈夫的姓来称呼；没有出嫁的则以长幼排行来称呼。这意味着女子一结婚就成为夫家的人了，不能再称“家”。子孙不能称“家”，否则就是表示对他们的轻视和忽略。蔡邕在作品里称呼他的姑、姊为家姑、家姊，班固文集里也说家孙，如今都不流行这种称呼了。

凡与人言，称彼祖父母、世父母①、父母及长姑，皆加尊字，自叔父母已下，则加贤字，尊卑之差也。王羲之书，称彼之母与自称己母同，不云尊字，今所非也。

【注释】

① 世父母：伯父母。

【译文】

凡是与人说话，提到对方的祖父母、伯父母、父母及长姑，都要在称呼前面加“尊”字，从叔父母以下，则在称呼前面加“贤”字，以示尊卑差别。王羲之在信中，称呼别人的母亲和称呼自己的母亲时都一样，前面不加“尊”字，如今不这样了。

南人冬至岁首，不诣丧家；若不修书，则过节束带以申慰①。北人至岁②之日，重行吊礼；礼无明文，则吾不取。南人宾至不迎，相见捧手而不揖，送客下席而已；北人迎送并至门，相见则揖，皆古之道也，吾善其迎揖。

【注释】

① 束带：整整衣冠，束紧衣带，表恭敬。申慰：以示慰问。

② 至岁：指冬至、岁首二节。

【译文】

南方人每到冬至、岁首这两个节日，不到有丧事的人家去；如果不写信吊唁，就等过了节再穿戴整齐亲往拜访，以示慰问。北方人在冬至、岁首这两个节日，特别重视吊唁活动；这种做法在礼仪上没有明文记载，我是不赞同的。南方人在宾客到来时不出迎，见面时只是拱手而不作揖，送客也仅仅起身离座而已；北方人迎送客人都要走到门口，相见时作揖为礼，这些都是古代的做法，我赞许北方人这种待客之礼。

昔者，王侯自称孤、寡、不榖，自兹以降，虽孔子圣师，与门人言皆称名也。后虽有臣、仆之称，行者盖亦寡焉。江南轻重①，各有谓号②，具诸《书仪》；北人多称名者，乃古之遗风，吾善其称名焉。

【注释】

① 轻重：地位高低。

② 谓号：特定称谓。

【译文】

从前，天子诸侯自称孤、寡、不榖，自此以后，即使是孔子这样的圣人，与门人谈话时也都自称名字。后世虽然有人以臣、仆自称，但这种人毕竟很少。江南人无论贵贱，都称自己的号，这在《书仪》中有所记载；而北方人则多自称名字。这虽然都是古人遗风，但我欣赏称名字的做法。

言及先人，理当感慕，古者之所易，今人之所难。江南人事不获已①，须言阀阅②，必以文翰③，罕有面论者。北人无何④便尔话说，及相访问。如此之事，不可加于人也。人加诸己，则当避之。名位未高，如为勋贵所逼，隐忍方便，速报取了；勿使烦重，感辱祖父。若没⑤，言须及者，则敛容肃坐，称大门中⑥，世父、叔父则称从兄弟门中，兄弟则称亡者子某门中，各以其尊卑轻重为容色之节，皆变于常。若与君言，虽变于色，犹云亡祖亡伯亡叔也。吾见名士，亦有呼其亡兄弟为兄子弟子门中者，亦未为安贴[7]也。北土风俗，都不行此。太山[8]羊侃，梁初入南；吾近至邺，其兄子肃访侃委曲[9]，吾答之云："卿从门中在梁，如此如此。"肃曰："是我亲第七亡叔，非从也。"祖孝徵在坐，先知江南风俗，乃谓之云："贤从弟门中，何故不解？"

【注释】

①不获已：不得已。

②阀阅：世家门第。

③文翰：指书信。

④无何：无故，没有由来。

⑤没：通"殁"。

⑥大门中：对别人称自己已故的祖父和父亲。

⑦安贴：妥帖，贴切。

⑧太山：即泰山。

⑨委曲：事情的原委。

【译文】

提到祖先的名字，理应有感怀追慕之情，这在古人看来是理所当然的，而今天的人却很难做到。江南人除非万不得已，否则与别人谈及家世，一定以书信的方式，很少有当面谈及的。北方人无缘无故就会提及，甚至会到家相访。那么，像当面谈及家世这种情况，就不可强加于人。即使别人把这样的事施加于你，你也应该设法回避。名声地位不高的人，如果是被权贵所逼迫而必须言及家世，可以隐忍克制一下，尽快回答；不要重复不休，以免有辱自家祖辈父辈。如果自己的家人已经去世，谈话中必须提到他们时，就要表情严肃，坐姿端正，言及去世的祖父或父亲时口称"大门中"，言及去世的伯父、叔父时则称"从兄弟门中"，言及去世的兄弟则称兄弟的儿子"某某门中"，并且要根据死者身份地位的尊卑轻重，来确定自己表情上应呈现的分寸，与平时的表情都要有所不同。如果是同君王谈及自己已经去世的长辈，虽然表情也要庄重，但还是可以用"亡祖、亡伯、亡叔"等称谓。

我看见一些名士，与君王谈话时，也有称他的亡兄、亡弟为兄子“某某门中”或弟子“某某门中”的，这是不够妥当的。北方的风俗，就这样称呼。泰山人羊侃，在梁朝初年到了南方。我最近到邺城，他的侄儿羊肃来拜访我，并向我询问羊侃的具体情况。我回答说：“您的从门中在梁，具体情况如何如何。”羊肃说：“他是我的亲第七亡叔，不是堂叔。”当时祖孝徵也在座，他早就知道江南的风俗，就对羊肃说：“就是指贤从弟门中，您怎么不明白呢？”

古人皆呼伯父叔父，而今世多单呼伯叔。从父兄弟姊妹已孤[①]，而对其前，呼其母为伯叔母，此不可避者也。兄弟之子已孤，与他人言，对孤者前，呼为兄子弟子，颇为不忍；北土人多呼为侄。按：《尔雅》《丧服经》《左传》，侄虽名通男女，并是对姑之称。晋世已来，始呼叔侄；今呼为侄，于理为胜也。

【注释】

①从父：伯父叔父的通称。已孤：丧父。

【译文】

古人都称伯父、叔父，而现在的人大多只单称伯、叔。叔伯兄弟、姊妹丧父之后，在他们面前说话的时候，称他们的母亲为伯母、叔母，这是不能回避的。如果兄弟的儿子死了父亲，与别人谈话时，当着他们的面，称他们为兄之子或弟之子，颇让人不忍心；北方大多数称兄弟之子为“侄”。按：在《尔雅》《丧服经》《左传》等书中，“侄”这个称呼虽然男女都可用，但都是针对姑姑来说的。晋代以来，才开始有“叔侄”的称呼；现在统称为侄，从情理上说是可以的。

别易会难，古人所重；江南饯送，下泣言离。有王子侯，梁武帝弟，出为东郡，与武帝别，帝曰：“我年已老，与汝分张[①]，甚以恻怆。”数行泪下。侯遂密云[②]，赧然[③]而出。坐[④]此被责，飘飖舟渚，一百许日，卒不得去。北间风俗，不屑此事，歧路言离，欢笑分首[⑤]。然人性自有少涕泪者，肠虽欲绝，目犹烂然[⑥]；如此之人，不可强责。

【注释】

①分张：分别。

②密云：悲凄而不掉泪。

③赧（nǎn）然：羞愧的样子。

④坐：因。

⑤分首：即分手。

⑥烂然：目光炯炯的样子。形容眼中无泪。

【译文】

分别时容易再见时很难，所以古人特别看重离情；江南风俗，在为人饯行时，谈到分离必定声泪俱下。王子侯是梁武帝的弟弟，要去东边的州郡任职，前来与帝辞行。武帝对他说："我已经年老了，现在又与你分别，备感伤心。"说着话便泪流不止。王子侯勉强做出悲伤的样子，却没有眼泪，只是羞愧而去。他因此受人指责，上船之后在江边飘泊徘徊了一百多天，最终未能离去。北方的风俗，则对此不太看重，走到岔路口分别时就各自说再见，然后欢笑着分手。当然，有的人天生就很少眼泪，即使痛断肝肠，眼中也没有眼泪；像这样的人，就不能过分责备他。

凡亲属名称，皆须粉墨[①]，不可滥也。无风教者，其父已孤，呼外祖父母与祖父母同，使人为其不喜闻也。虽质于面，皆当加外以别之；父母之世叔父[②]，皆当加其次第以别之；父母之世叔母，皆当加其姓以别之；父母之群从世叔父母及从祖父母，皆当加其爵位若姓以别之。河北士人，皆呼外祖父母为家公家母，江南田里间亦言之。以家代外，非吾所识。

【注释】

①粉墨：指像黑白一样有所区分。

②世叔父：伯父和叔父。

【译文】

凡是亲属的称呼，都应该加修饰以示区别，不能乱用。一些缺乏教养的人，在祖父祖母去世后，便使用与祖父母一样的称呼称其外祖父母，听了叫人不高兴。即使当着外祖父母的面，也应该加一外字以示区别；对父母的伯父、叔父，都应加上他的排行以示区别；对父母的伯母、叔母，都应加上她们的姓氏以示区别；对父母那众多的堂伯堂叔及堂伯堂叔的父母，就都加上其爵位或姓氏以示区别。河北的当地人，都称外祖父母为家公家母；江南民间也有这样称呼的。以“家”字代替“外”字，我无法理解。

凡宗亲世数，有从父，有从祖①，有族祖②。江南风俗，自兹已往，高秩③者，通呼为尊；同昭穆④者，虽百世犹称兄弟；若对他人称之，皆云族人。河北士人，虽三二十世，犹呼为从伯从叔。梁武帝尝问一中土人曰：“卿北人，何故不知有族？”答云：“骨肉易疏，不忍言族耳。”当时虽为敏对，于礼未通。

【注释】

① 从祖：父亲的叔父伯父。

② 族祖：祖父的叔父伯父。

③ 秩：官吏的俸禄。引申为官吏的职位或品级。

④ 昭穆：古代宗法制度，宗庙或墓地的辈次排列，以始祖居中。二世、四世、六世，位于始祖的左方，称昭；三世、五世、七世位于始祖的右方，称穆；用来分别宗族内部的长幼、亲疏和远近。后亦泛指家族的辈份。

【译文】

凡同一宗族几代中，有从父、从祖、族祖等称呼。江南的风俗，自此以上，凡是官职高的，通称为尊；同一个祖宗辈份相同的人，即使隔了一百代，仍然称为兄弟；如果对外人称呼自己宗族的人，则都称作族人。黄河以北地区的士人，虽然已隔二三十代，仍然称从伯、从叔。梁武帝曾经问一位中原人说：“你是北方人，为什么不知道有‘族’这种称呼呢？”他回答说：“骨肉之亲的关系容易疏远，所以我不忍心用‘族’来称呼。”这在当时虽然算是一种机智的回答，但从礼法上却是讲不通的。

吾尝问周弘让曰：“父母中外[①]姊妹，何以称之？”周曰：“亦呼为丈人[②]。”自古未见丈人之称施于妇人也。吾亲表所行，若父属者，为某姓姑；母属者，为某姓姨。中外丈人之妇，猥俗呼为丈母[③]，士大夫谓之王母、谢母云。而《陆机集》有《与长沙顾母书》，乃其从叔母也，今所不行。

【注释】

① 中外：即内外。中指舅之子，为内；外指姑之子，为外。

② 丈人：通称老人。这里是对亲戚长辈的通称。

③ 丈母：古称父辈的妻子为丈母，今指岳母。

【译文】

我曾经问周弘让：“父母的表姐妹，怎么称呼呢？”周弘让回答说：“也称为丈人。”自古以来还没有见过称妇人为丈人的。我家表亲中所奉行的称呼是，父亲的表姐妹，称某姓姑；母亲的表姐妹，称某姓姨。父母表兄弟的妻子，民间称为丈母，士大夫则分别称为王母、谢母等。《陆机集》中有一篇《与长沙顾母书》，其中的顾母是他的堂婶，这种叫法现在没有了。

齐朝士子，皆呼祖仆射[①]为祖公，全不嫌有所涉也，乃有对面以相戏者。

【注释】

① 仆射（yè）：古代官名，秦朝设置，宋以后废。

【译文】

齐朝的读书人，都称仆射祖珽为“祖公”，完全不顾忌这样称呼会和自己祖父的称呼相混，甚至还有当着祖珽面用这种称呼相戏弄的。

古者，名以正体[①]，字以表德，名终则讳之，字乃可以为孙氏。孔子弟子记事者，皆称仲尼；吕后微时，尝字高祖为季；至汉爰种，字其叔父曰丝；王丹与侯霸子语，字霸为君房；江南至今不讳字也。河北士人全不辨之，名亦呼为字，字固呼为字。尚书王元景兄弟，皆号名人，其父名云，字罗汉，一皆讳之，其余不足怪也。

【注释】

①名以正体：表明本身，即指出是谁。

【译文】

古时候，名用来表明本身，字用来表示德行，名在死后就要避讳，字可以用作孙辈的氏。孔子的弟子记事时，都称孔子为“仲尼”；吕后在微贱时，曾称汉高祖的字为“季”；至汉人爰种，称他叔父的字为“丝”；王丹和侯霸的儿子谈话，称呼侯霸的字为“君房”。江南地方至今对字不避讳。而河北地区的人对名和字完全不加区别，名也叫作字，字自然叫作字。尚书王元景兄弟，都号称名人，父名云，字罗汉，一概避讳，其余的人就不足怪了。

《礼·间传》云：“斩缞[①]之哭，若往而不反；齐缞[②]之哭，若往而反；大功[③]之哭，三曲而偯[④]；小功缌麻[⑤]，哀容可也，此哀之发于声音也。”《孝经》云：“哭不偯。”皆论哭有轻重质文之声也。礼以哭有言者为号，然则哭亦有辞也。江南丧哭，时有哀诉之言耳；山东重丧，则唯呼苍天，期功[⑥]以下，则唯呼痛深，便是号而不哭。

【注释】

①斩缞（cuī）：古代五种丧服中最重的一种，用粗麻布制成，左右和下边不缝。子、未嫁女对父母，媳妇对公婆，承重孙对祖父母，妻对夫都服斩缞。

②齐（zī）缞：丧服名，五服之一，次于斩缞。以粗麻布制成，因其缉边缝齐，故称齐缞。为继母、慈母服齐缞三年，为祖父母、妻、庶母服齐缞一年，为曾祖父母服齐缞五个月，为高祖

父母服齐缞三个月。

③ 大功：丧服名，五服之一，服期九个月。用熟麻布制成，较齐缞稍细，较小功为粗，故称大功。旧时堂兄弟、未婚的堂姊妹、已婚的姑、姊妹、侄女及众孙、众子妇、侄妇之丧，都服大功；已婚女为伯父、叔父、兄弟、侄、未婚姑、姊妹、侄女等服丧，也服大功。

④ 偯（yǐ）：哭的尾声。

⑤ 小功：丧服名，五服之一，用较粗的熟布制成，比大功为细，较缌麻为粗，服期五个月。缌（sī）麻：丧服名，五种丧服之最轻者，以熟布为之，比小功为细，服期为三个月。凡疏远亲属、亲戚如高祖父母、曾伯叔祖父母、族伯叔祖父母、外祖父母、岳父母、中表兄弟、婿、外孙等都服缌麻。

⑥ 期（jī）功：古代丧服名称。期，服丧一年。功指大功和小功。

【译文】

《礼记 · 间传》上说："穿斩缞这种丧服时，要痛哭至气绝，好像再也哭不出第二声一样；穿齐缞这种丧服居丧时，要哭得死去活来；穿大功这种丧服居丧时，哭时要拖着长长的尾音，一声三折；穿小功、缌麻这两种丧服居丧时，只要表现出哀痛的表情就可以了，这是哀痛之情在声音上的表现。"《孝经》说："哭声不拖尾音。"这些都是讲述哭在声音上的轻、重、直接、含蓄区分。礼制中把边哭边诉说称为号，这样，哭时也可以有言辞。江南地区的人在服丧痛哭时，经常会夹杂哀诉的言语；北方人在服重丧时，只是呼天抢地，在服一年以下的轻丧时则只呼悲痛深重，这就是号而不哭。

江南凡遭重丧，若相知者，同在城邑，三日不吊则绝之；除丧[①]，虽相遇则避之，怨其不己悯也。有故及道遥者，致书可也；无书亦如之[②]。北俗则不尔。江南凡吊者，主人之外，不识者不执手；识轻服[③]而不识主人，则不于会所而吊，他日修名[4]诣其家。

【注释】

①除丧：除去丧服。

②如之：如同那样，即如同对待"三日不吊"者一样。

③轻服：五服中较轻的几种，如大功、小功、缌麻之类，即与死者关系较远的人。

④名：名刺。相当于今天的名片。

【译文】

江南风俗，凡是人遭重丧，如果是好朋友，又在同一城邑居住，三天之内不去吊唁，丧主便会与之绝交；脱去丧服后，丧主即使在路上遇到那个朋友，也会避而不见，这是埋怨他不怜恤自己。如果另有原因或路途遥远，写一封书信即可；如果不写信，也会与之断交；北方风俗则不是这样。江南凡是前去吊唁的人，除主人之外，对不认识的人不握手；如果仅认识穿较轻丧服的人而不认识丧主，就不必前去丧所吊唁，改日送一名片到前者家中即可。

阴阳家云："辰为水墓，又为土墓，故不得哭。"王充《论衡》云："辰日不哭，哭则重丧。"今无教者，辰日有丧，不问轻重，举家清谧[1]，不敢发声，以辞吊客。道书又曰："晦歌朔哭[2]，皆当有罪，天夺其算[3]。"丧家朔望[4]，哀感弥深，宁当惜寿，又不哭也？亦不谕。

【注释】

①清谧（mì）：清静。

②晦：阴历每月的最后一天。朔：阴历每月初一。

③算：寿命。

④望：阴历每月十五。

【译文】

阴阳家说："辰日是水墓，又是土墓，所以辰日不能哭丧。"王充的《论衡》说："辰日不能哭丧，哭就意味是重丧。"而今那些没有教养的人，辰日遇到丧事，不问轻丧重丧，全家都鸦雀无声，不敢发出哭声，并谢绝吊丧的宾客。道家典籍上说："晦日唱歌，朔日哭泣，都是有罪的，老天要减损他的寿命。"丧家在朔日和望日，悲痛万分，难道为了爱惜寿命，就不哭泣了吗？这真是让人难以理解。

偏傍之书[①]，死有归杀[②]。子孙逃窜，莫肯在家；画瓦[③]书符，作诸厌胜[④]；丧出之日，门前然[⑤]火，户外列灰[⑥]，祓[⑦]送家鬼，章断注连。凡如此比，不近有情，乃儒雅之罪人，弹议[⑧]所当加也。

【注释】

① 偏傍之书：指旁门左道的书。偏傍，邪曲不正。

② 归杀：也作归煞、回煞。旧时迷信谓人死后若干日灵魂回家一次叫"归杀"。

③ 画瓦：在瓦片上画图像以镇邪。

④ 厌胜：古代一种巫术，谓能以诅咒制服、压服人或物。

⑤ 然：点燃。

⑥ 户外列灰：在门外铺灰，以观逝者魂魄之迹，为一种迷信活动。

⑦ 祓（fú）：古代除灾祈福的仪式。

⑧ 弹议：舆论批评。

【译文】

旁门左道的书里讲，人死后有"回煞"，子孙要逃避在外，没有人肯留在家里；要画瓦书符，作种种巫术；出丧那天，要门前生火，户外铺灰，送走家鬼，上章请求断绝死者所患疾病不再传染祸及家人。所有这类迷信恶俗，都不近情理，是儒学雅道的罪人，应该加以弹劾检举。

己孤，而履岁及长至之节[①]，无父，拜母、祖父母、世叔父母、姑、兄、姊，则皆泣；无母，拜父、外祖父母、舅、姨、兄、姊，亦如之。此人情也。

【注释】

①履岁：一年之始，指元旦。长至：此处指冬至。

【译文】

父亲或母亲去世后，每逢元旦和冬至这两个节日里，如果是父亲去世，拜见母亲、祖父母、伯叔父母、姑母、哥哥、姐姐时都要默默地哭泣；如果母亲去世，拜见父亲、外祖父母、舅父、姨母、表兄、表姐时也一样。这是人之常情。

江左朝臣，子孙初释服①，朝见二宫②，皆当泣涕；二宫为之改容。颇有肤色充泽，无哀感者，梁武薄其为人，多被抑退③。裴政出服，问讯武帝④，贬瘦⑤枯槁，涕泗滂沱，武帝目送之曰："裴政之父裴之礼不死也。"

【注释】

①释服：即出服，服丧期满，除去丧服。

②二宫：指皇帝与太子。

③抑退：抑止斥退。

④问讯武帝：僧尼等向人曲躬合掌致敬叫"问讯"。因为梁武帝信佛，所以裴政以僧礼拜见。

⑤贬瘦：枯槁消瘦。

【译文】

南朝的大臣亡故后，凡是他们的子孙，服丧期满，除去丧服进宫朝见皇帝和太子时，都要悄然落泪，皇帝和太子也会为之伤心动容。有一些人在朝见时容光焕发，没有表现出哀痛的感情，梁武帝因此鄙薄他们的为人，于是将他们贬退降谪。裴政服丧期满进宫时，以僧礼朝拜梁武帝，他面容消瘦憔悴，应答时一把鼻涕一把泪。梁武帝目送他离去时说："裴政之父裴之礼仍然活在裴政心里啊！"

二亲既没，所居斋寝①，子与妇弗忍入焉。北朝顿丘李构，母刘氏，夫人亡后，所住之堂，终身锁闭，弗忍开入也。夫人，宋广州刺史纂之孙女，故构犹染江南风教。其父奖，为扬州刺史，镇寿春，遇害。构尝与王松年、祖孝徵数人同集谈宴。孝徵善画，遇有纸笔，图写为人。顷之，因割鹿尾，戏截画人以示构，而无他意。构怆然动色，便起就马而去。举坐惊骇，莫测其情。祖君寻悟，方深反侧[②]，当时罕有能感此者。吴郡陆襄，父闲被刑，襄终身布衣蔬饭，虽姜菜有切割，皆不忍食；居家惟以掐摘供厨。江宁姚子笃，母以烧死，终身不忍啖炙[③]。豫章熊康，父以醉而为奴所杀，终身不复尝酒。然礼缘人情，恩由义断，亲以噎死，亦当不可绝食也。

【注释】

① 斋寝：斋戒时居住的旁屋。

② 反侧：惶恐不安。

③ 啖（dàn）：吃。炙（zhì）：烤肉。

【译文】

父母去世之后，儿子和媳妇不忍进入他们生前斋戒时所居的旁屋。北朝顿丘郡的李构，母亲刘氏死后，她生前所居的屋子，一直被锁着，他终身不忍心开门进去。李构的母亲，是宋广州刺史刘纂的孙女，所以李构深深受到江南风俗的熏染。他的父亲李奖，曾是扬州刺史，镇守寿春时被人杀害。李构曾与王松年、祖孝徵几个人聚在一起喝酒谈天。孝徵善于绘画，见到纸笔，就画了一幅人物画。没过一会儿，他拿刀割了一段宴席上的鹿尾，然后开玩笑地把人像画截断拿给李构看，但并没有其他的意思。李构触景伤情，立刻起身骑马走了。在场的人都吃惊不已，却不知其中的原因。祖孝徵后来才明白李构是因为他截割画中人而想到了父亲被杀害的事，后悔不已，祖孝徵为这件事深感不安，当时却很少有人能知晓其中原委。吴郡的陆襄，他的父亲陆闲遭到杀害，陆襄终身穿布衣吃素餐，即便是生姜，如果用刀切过，他都不忍心食用；做饭只用手掐摘蔬菜。江宁的姚子笃，因为母亲是被火烧死的，所以他终身不忍心吃烤肉。豫章的熊康，父亲因酒醉后被奴仆杀害，所以他从此不再饮酒。然而礼是顺乎人情而设立的，报答父母恩情也要合乎道义，假如父母因为吃饭噎死了，也不能因此绝食吧。

《礼经》：父之遗书，母之杯圈[①]，感其手口之泽，不忍读用。政为常所讲习，雠校[②]缮写，及偏加服用，有迹可思者耳。若寻常坟典[③]，为生什物，安可悉废之乎？既不读用，无容散逸[④]，惟当缄[⑤]保，以留后世耳。

【注释】

①杯圈：屈木制的饮具。

②雠（chóu）校：校对文字。

③坟典：三坟五典。伏羲、神农、黄帝之书叫三坟。少昊、颛顼、高辛、唐、虞之书叫五典。此处指书籍。

④散逸：散失。

⑤缄：封闭。

【译文】

《礼经》上讲：父亲留下的书籍，母亲用过的口杯，感受到父母留在上面的气息，就不忍心阅读或使用。只因为这些书籍是父亲生前所常讲习，亲手校勘抄写过的，以及母亲常用的，上面留着父母的遗迹可以引发儿女的哀思。如果是普通的书籍，以及各种日用品，怎么能全部弃用呢？父母遗物既然不阅读不使用，就不要让它们分散丢失，应当封存保护，以留传给后代。

思鲁等第四舅母，亲吴郡张建女也，有第五妹，三岁丧母。灵床上屏风，平生旧物，屋漏沾湿，出曝晒之，女子一见，伏床流涕。家人怪其不起，乃往抱持；荐席[①]淹渍，精神伤怛[②]，不能饮食。将以问医，医诊脉云："肠断矣！"因尔便吐血，数日而亡。中外怜之，莫不悲叹。

【注释】

①荐席：垫席。

②伤怛（dá）：悲伤痛苦的样子。

【译文】

思鲁等人的四舅妈，是吴郡人张建的女儿，她有一个五妹，三岁时便失去了母亲。当时灵床上的屏风是她母亲生前使用过的，因屋漏被淋湿，被拿出去晾晒。五妹看到后，便趴在灵床上哭起来。家人奇怪她为什么一直哭而不起，上前抱起，发现草席已被泪水浸湿，五妹神色哀伤，不能饮食。找来医生诊治，医生号脉后说："她的肠子已经断了。"不久便吐血，几天后就死了。家里家外的人都哀怜她，没有不悲伤叹息的。

《礼》云："忌日不乐。"正以感慕罔极[①]，恻怆无聊，故不接外宾，不理众务耳。必能悲惨自居，何限于深藏也？世人或端坐奥室[②]，不妨言笑，盛营甘美，厚供斋食；迫有急卒[③]，密戚至交，尽无相见之理：盖不知礼意乎！

【注释】

① 罔极：无穷尽。

② 奥室：内室、深室。

③ 卒（cù）：通"猝"，仓猝。

【译文】

《礼记》上说："父母忌日不娱乐。"正因为对故去的父母有说不尽的感念思慕之情，自叹悲苦无依，所以这天不接待宾客，不处理普通事务。但是若真能自觉做到悲伤怀念，又何必非得藏起来不出门呢？世间有些人虽然端坐在深室，可是却谈笑如常，他们依旧享受美味的饮食，对亡者也供奉着丰厚的素食；遇到十分紧急的事情，或是至亲好友来访，他们也不出来接见：这是不明白礼的本质啊！

魏世王修，母以社日[①]亡。来岁社日，修感念哀甚，邻里闻之，为之罢社。今二亲丧亡，偶值伏腊分至之节[②]，及月小晦后，忌之外，所经此日，犹应感慕，异于余辰，不预饮宴、闻声乐及行游也。

【注释】

①社日：祭祀社神之日。

②伏腊：伏祭和腊祭之日。伏祭在夏季伏日，腊祭在农历十二月。分：春分、秋分。至：冬至、夏至。

【译文】

魏时王修的母亲在社日去世。第二年社日，王修思念母亲悲哀至极，邻居们听到后，便取消了社日的活动。如今双亲去世，遇到伏日、腊日、春分、秋分、冬至、夏至，以及小月晦日的最后那天忌日之外的日子，更应该感怀追慕，和其他时辰不同，不要参加饮宴、欣赏音乐和外出游玩。

刘绍、缓、绥，兄弟并为名器[①]，其父名昭，一生不为照字，惟依《尔雅》火旁作召耳。然凡文与正讳[②]相犯，当自可避；其有同音异字，不可悉然。刘字之下，即有昭音。吕尚之儿，如不为上；赵壹之子，傥不作一：便是下笔即妨，是书皆触也。

【注释】

①名器：名人。

②正讳：指人的正名。

【译文】

刘绍、刘缓、刘绥兄弟三人都是当时名人，他们因为父亲叫刘昭，便一生不写“照”字，只是根据《尔雅》写作“炤”。凡是文字与人的正名相同，当然可以避讳，但音同字不同的，便不须如此。因为“劉”字之下，便有“钊”要读作“昭”音。如果吕尚的儿子要避讳“上”，赵壹的儿子要避讳“一”，那么他们一下笔便有妨碍，只要一写书札便有忌讳。

尝有甲设宴席，请乙为宾；而旦于公庭见乙之子，问之曰：“尊侯早晚顾宅？”乙子称其父已往。时以为笑。如此比例，触类[①]慎之，不可陷于轻脱[②]。

【注释】

① 触类：遇到类似事情。

② 轻脱：轻佻，不稳重。

【译文】

曾经有某甲摆设宴席，邀请某乙前来做客；他早上在朝堂遇见乙的儿子，就问他："令尊何时光临舍下？"乙的儿子说他父亲已经去了，当时的人都把这事当成笑谈。遇上这类事情时，一定要谨慎对待，千万不可过于轻率。

江南风俗，儿生一期[①]，为制新衣，盥浴装饰，男则用弓矢纸笔，女则刀尺针缕，并加饮食之物，及珍宝服玩，置之儿前，观其发意所取，以验贪廉愚智，名之为试儿。亲表聚集，致宴享焉。自兹已后，二亲若在，每至此日，尝有酒食之事耳。无教之徒，虽已孤露[②]，其日皆为供顿[③]，酣畅声乐，不知有所感伤。梁孝元年少之时，每八月六日载诞之辰[④]，常设斋讲；自阮修容[⑤]薨殁之后，此事亦绝。

【注释】

① 一期：一年。

② 孤露：魏晋时人以父亡为孤露，亦称"偏露"，孤单无所荫庇的意思。

③ 供顿：设宴待客。

④ 载诞之辰：生日。

⑤ 修容：三国时魏宫内女官名，南朝宋改为昭容，至隋仍置修容，为九嫔之一。

【译文】

江南的风俗，孩子满一周岁时，就要给他们缝制新衣、梳洗打扮。若是男孩就拿出弓箭纸笔，若是女孩就拿出刀尺针线，再加上各种饮食，以及珍宝玩具等东西，把它们放在孩子面前，看孩子想抓什么，以此来判定孩子今后是贪婪还是廉洁，是愚笨还是聪明，这种测试被称作试儿。这一天，亲戚们聚集一堂，大吃一顿。从此以后，父母亲如果健在，每到这个日子，就要置备酒席，欢庆祝贺。那些缺乏教养的人，虽然父亲已经去世，这一天仍然设宴待客，酒欢耳热，纵情声乐，不知道还应该有所感伤。梁孝元帝年轻的时候，每到八月六日生日这天，便吃素讲经；自他母亲阮修容去世之后，此事便中断了。

人有忧疾，则呼天地父母，自古而然。今世讳避，触途[①]急切。而江东士庶，痛则称祢[②]。祢是父之庙号，父在无容称庙，父殁何容辄呼？《苍颉篇》有“侑”字，《训诂》云：“痛而謼也，音羽罪反。”今北人痛则呼之。《声类》音于耒反，今南人痛或呼之。此二音随其乡俗，并可行也。

【注释】

① 触途：各方面，处处。

② 祢（nǐ）：亡父在宗庙中立主之称。

【译文】

人们不开心或生病时，便会呼天地唤父母，自古如此。而这种在当今看来应该避讳的做法，情急之下随时都会触犯。江东的士人平民，痛苦时则要称“祢”。“祢”是父亲的庙号，父亲生前不能叫庙号，死后怎么能动不动就呼叫他的庙号呢？《苍颉篇》中有一“侑”字，《训诂》中解释说：“痛苦而呼喊，读音是羽罪反切。”现在北方人有了痛苦便这样呼喊。《声类》中读音是于耒反切，现在南方人痛苦时就这样呼喊。这两个读音根据各地习惯，可以并存。

梁世被系劾者，子孙弟侄，皆诣阙三日，露跣陈谢[①]；子孙有官，自陈解职。子则草屩[②]粗衣，蓬头垢面，周章[③]道路，要候[④]执事，叩头流血，申诉冤情。若配徒隶，诸子并立草庵于所署门，不敢宁宅，动经旬日，官司驱遣，然后始退。江南诸宪司弹人事，事虽不重，而以教义见辱者，或被轻系而身死狱户者，皆为怨仇，子孙三世不交通矣。到洽为御史中丞，初欲弹刘孝绰，其兄溉先与刘善，苦谏不得，乃诣刘涕泣告别而去。

【注释】

① 露：即不戴帽子露出发髻。跣（xiǎn）：光着脚不穿鞋。

② 草屩（jué）：草鞋。

③ 周章：惊恐不安。

④ 要（yāo）候：中途等候，迎候。

【译文】

梁朝有官员被拘囚，他的子孙弟侄们，都要连续三天前往朝廷，不戴帽子光着脚，陈词辩解；子孙中有做官的，就主动请求解除官职。他的儿子则穿上草鞋和粗布衣服，蓬头垢面，徘徊道路，等候主管官员，叩头流血，为父亲申诉冤屈。如果犯人被发配去服苦役，他的儿子们就要在官衙门口搭个草棚栖身，不敢在家中安居，住上十多天，直到官府驱逐才离开。江南地区的诸位御史弹劾某人，有时罪行虽不严重，但如果那人是因教义而受弹劾之辱，或者是因轻罪拘囚而身死狱中，这些人家就会与御史结下怨仇，子孙三代都不相往来。到洽做御史中丞的时候，起初想弹劾刘孝绰，到洽的哥哥到溉与刘孝绰关系很好，就苦苦劝到洽不要弹劾刘孝绰，未能说服弟弟，于是他就来到刘孝绰处，痛哭流涕与他告别。

兵凶战危，非安全之道。古者，天子丧服以临师，将军凿凶门[①]而出。父祖伯叔，若在军阵，贬损[②]自居，不宜奏乐宴会及婚冠[③]吉庆事也。若居围城之中，憔悴容色，除去饰玩，常为临深履薄[④]之状焉。父母疾笃，医虽贱虽少，则涕泣而拜之，以求哀也。梁孝元在江州，尝有不豫[⑤]；世子方等亲拜中兵参军李猷焉。

【注释】

① 凶门：古代将军出征前，凿一扇向北的门，由此出发，如办丧事一样，以示必死之心。

②贬损：损减，抑制。

③冠：冠礼。古代男子二十岁结发戴冠，行成人礼。

④临深履薄："如临深渊，如履薄冰"的缩语，形容小心翼翼、战战兢兢的样子。

⑤不豫：天子有病称不豫。

【译文】

刀枪为凶器，战争很危险，难保安然无事。在古代，军队出征前，天子要身着丧服亲临慰问，将军要从北门踏上征途，以示决一死战。如果父辈也在军中，就要自我克制，不宜演奏音乐、参加宴会以及举办结婚、加冠等吉庆活动。如果是被围困在城内，就应该面容憔悴，放弃装饰和玩好，时时像面临深渊、脚踩薄冰一样战战兢兢。倘若父母病重，医生即使位低年少，也要哭泣着向其下拜，以求他哀怜自己尽力救治。梁元帝在江州时，曾经有病，于是太子方等便亲自前去拜见中兵参将李猷。

四海之人，结为兄弟，亦何容易。必有志均义敌[①]，令终如始[②]者，方可议之。一尔[③]之后，命子拜伏，呼为丈人，申父友之敬；身事彼亲，亦宜加礼。比见北人，甚轻此节，行路相逢，便定昆季[④]，望年观貌，不择是非，至有结父为兄，托子为弟者。

【注释】

①敌：相当。

②令终如始：即始终如一。

③一尔：一旦如此。

④昆季：指兄弟。长为昆，幼为季。

【译文】

四海五湖之人，结义拜为兄弟，也不能随便，一定要志同道合，始终如一的，才谈得上。一旦如此，就要叫自己的儿子出来拜见，称呼对方为丈人，表达对父辈的敬意；自己对对方的双亲，也应该施礼。近来见到北方人对这一点很轻率，路上相遇，就结成兄弟，只看年纪老少，不讲是非，甚至有结父辈为兄，结子辈为弟的。

昔者，周公一沐三握发，一饭三吐餐，以接白屋之士①，一日所见者七十余人。晋文公②以沐辞竖头须，致有图反之诮。门不停宾，古所贵也。失教之家，阍寺无礼，或以主君寝食嗔怒，拒客未通，江南深以为耻。黄门侍郎③裴之礼，号善为士大夫，有如此辈，对宾杖之。其门生④僮仆，接于他人，折旋俯仰⑤，辞色应对，莫不肃敬，与主无别也。

【注释】

①周公：西周初年政治家，辅佐周成王，制礼作乐。相传他往往洗一次头会中断多次，吃一次饭也会中断多次，忙于接待天下的贤人。白屋之士：指平民。

②晋文公：春秋五霸之一，姓姬，名重耳。

③黄门侍郎：秦官名，汉因之，因给事于黄门，故称黄门侍郎。

④门生：此指守门人。

⑤折旋俯仰：周旋应付。

【译文】

从前，周公常常在洗头时三次握起头发，吃饭时三次吐出口中食物，以接见贫贱之士，有时一日要接待七十余人。晋文公以正在洗头为由拒绝接见头须，致使头须讥讽他想法反常。不使宾客在门外久候，这是自古以来都重视的。没有教养的家庭，连守门人都会蛮横无礼，或者以主公正在睡觉吃饭怕受到斥骂，而拒绝进去通报，江南人以此为耻辱。黄门侍郎裴之礼号称善待士大夫，遇到这种情况，便当着宾客的面鞭打守门人。因此他家的门人僮仆，接待客人，周旋应酬，应对表情，无不严肃恭敬，与对待主人没有两样。

慕贤第七

古人云："千载一圣，犹旦暮也；五百年一贤，犹比髆[①]也。"言圣贤之难得，疏阔[②]如此。傥遭不世明达君子，安可不攀附景仰之乎？吾生于乱世，长于戎马，流离播越[③]，闻见已多。所值名贤，未尝不心醉魂迷向慕之也。人在年少，神情未定，所与款狎[④]，熏渍陶染，言笑举动，无心于学，潜移暗化，自然似之。何况操履[⑤]艺能，较明易习者也？是以与善人居，如入芝兰之室，久而自芳也。与恶人居，如入鲍鱼之肆[⑥]，久而自臭也。墨子悲于染丝，是之谓矣。君子必慎交游焉。孔子曰："无友不如己者。"颜、闵[⑦]之徒，何可世得[⑧]！但优于我，便足贵之。

【注释】

①比髆（bó）：并肩，挨得近。髆，肩胛。

②疏阔：不密，稀疏。

③播越：离散，流亡。

④款狎：款洽狎昵，指关系亲密。

⑤操履：操守德行。

⑥鲍鱼之肆：卖盐渍鱼的店铺，气味腥臭。比喻坏人与小人聚集的地方。

⑦颜、闵：指孔子弟子颜回、闵损。

⑧世得：常得，常有。

【译文】

古人说："如果一千年出一位圣人，时间接近得像从早到晚之间；如果五百年出一位贤人，贤人多得就该像肩碰肩一样密了。"这是讲圣人贤人如此稀少难得。倘或遇上世间少有的明达君子，怎能不攀附景仰啊！我出生在乱离之时，在兵荒马乱中长大，流离播迁，见闻已多，遇上名流贤士，没有不心醉魂迷地向往仰慕。人在年少时候，精神意态还未定型，和人家交往亲密，受到熏渍陶染，人家的一言一笑一举一动，即使无心去学习，也会潜移默化，自然相似，何况人家的操行技能，是更为明显易于学习的东西呢！因此和善人在一起，如同进入养育芝兰的花房，时间一久自然就芬芳；若是和恶人在一起，如同进入卖鲍鱼的店铺，时间一久自然就腥臭。墨子看到染丝的场景，感叹丝在什么颜色里就会变成什么颜色。所以君子交友必须谨慎。孔子说："不要和不如自己的人做朋友。"像颜回、闵损那样的人，哪能常有，只要有胜过我的地方，就很可贵了。

世人多蔽，贵耳贱目，重遥轻近。少长周旋①，如有贤哲，每相狎侮，不加礼敬。他乡异县，微藉风声②，延颈企踵③，甚于饥渴。校④其长短，核其精粗，或彼不能如此矣。所以鲁人谓孔子为东家丘⑤。昔虞国宫之奇⑥，少长于君，君狎之，不纳其谏，以至亡国，不可不留心也。

【注释】

①少长：指从年少到长大成人。周旋：交往。

②藉：凭借，依靠。风声：名声。

③延颈企踵：伸长脖子踮起脚跟，形容殷切期望。

④校：比较。

⑤东家丘：东边的邻居孔丘。当时鲁国人不知道孔子的价值，把他看作平常人，称之为"东家丘"。

⑥宫之奇：虞国大夫。虞君自幼与他相熟，因此不重视他劝阻不要借道给晋国的意见，最终亡国。

【译文】

世上的人大多容易被蒙蔽，重视听到的，轻视看见的；重视远处的，轻视身边的。从小在一起长大的人中，即使有贤人名士，也常常加以戏弄，不知敬重；而对外地异乡的人，即使他稍稍有点名声，也伸长了脖子，踮起脚跟，一副求贤若渴的样子。其实比较对照他们的长短优劣，也许远处的人还不如身边的人。所以鲁国人居然称孔子为"东家丘"。从前虞国的宫之奇比国君稍大一些，国君与他关系密切，因此不听他的劝谏，以致国家灭亡。这些都是应该注意的。

用其言，弃其身，古人所耻。凡有一言一行，取于人者，皆显称之，不可窃人之美，以为己力；虽轻虽贱者，必归功焉。窃人之财，刑辟之所处；窃人之美，鬼神之所责。

【译文】

采纳某人的意见，却要抛弃这个人，这是古人所瞧不起的行为。凡有一言一行，只要是从别人那里学来的，就要公开称赞他，不能够窃取别人的成果，作为自己的功劳；即使这个人的身份非常卑微低下，也要把功劳归到他身上。窃取别人的财物，尚且要受到刑罚的制裁；那么窃取别人的美名，也会受到鬼神的谴责。

梁孝元前在荆州，有丁觇者，洪亭民耳，颇善属文，殊工草隶。孝元书记，一皆使之。军府轻贱，多未之重，耻令子弟以为楷法，时云："丁君十纸，不敌王褒数字。"吾雅爱其手迹，常所宝持。孝元尝遣典签①惠编送文章示萧祭酒，祭酒问云："君王比赐书翰②，及写诗笔③，殊为佳手，姓名为谁？那得都无声问④？"编以实答。子云叹曰："此人后生无比，遂不为世所称，亦是奇事。"于是闻者稍复刮目。稍仕至尚书仪曹郎⑤，末为晋安王侍读⑥，随王东下。及西台陷殁⑦，简牍湮散，丁亦寻卒于扬州。前所轻者，后思一纸，不可得矣。

【注释】

①典签：本为掌管文书的小官，后来权力甚大，称为签帅。

②比：近来。书翰：指书札。

③诗笔：六朝人以诗笔对言，笔指无韵之文。

④声问：声誉，名声。问，通"闻"。

⑤仪曹郎：古代官名。

⑥侍读：诸王属官，职责是给诸王讲学。

⑦西台陷殁：南北朝时称中央政府为台省。梁元帝在江陵称

帝，江陵在西，故称西台。元帝承圣三年（554）西魏攻陷江陵，杀元帝，此即“西台陷殁”。

【译文】

梁孝元帝从前在荆州时，属下有一位叫丁觇的人，是洪亭人氏，很会写文章，尤其擅长草书和隶书。孝元帝的文书抄写工作，全部交给他负责。军府中的人大都轻贱他，耻于让自己的子弟去学习他的书法，当时流行的话是：“丁觇写上十张纸，也比不上王褒几个字。”我却非常喜爱他的书法作品，常常把它们珍藏起来。孝元帝曾经派典签惠编送文章给祭酒萧子云看，萧子云就问惠编：“君王最近给我的书信、诗歌文章，书法都非常好，书者实在是一个少有的高手，他姓啥叫什么名字？怎么都没有听过呢？”惠编据实回答了。萧子云感叹道：“没有哪个后生能和他相比，他竟然不为世人所看重，这也算是奇事一桩。”听了萧子云的评价之后，别人才渐渐对丁觇刮目相看。丁觇后来逐渐升官至尚书仪曹郎的位置，再后来任晋安王侍读，随晋安王东下。等到江陵陷落的时候，那些文书信札都散失了，丁觇不久也在扬州去世。曾经轻视他的人，再想要他的一纸墨迹，也不可能了。

侯景初入建业①，台门②虽闭，公私草扰，各不自全。太子左卫率羊侃坐东掖门，部分经略③，一宿皆办，遂得百余日抗拒凶逆。于时，城内四万许人，王公朝士，不下一百，便是恃侃一人安之，其相去如此。古人云：“巢父、许由④，让于天下；市道小人⑤，争一钱之利。”亦已悬矣。

【注释】

①侯景：南朝梁人，曾发动兵变，攻破梁都建康。建业：梁时称建康，今江苏南京。

②台门：禁城之门。

③部分：部署处置。经略：策划处理。

④巢父、许由：俱为尧时人，尧以天下让此二人，皆不受。

⑤市道小人：即市井小人。

【译文】

侯景刚发兵攻入建康城的时候，虽然台门紧闭，但城内的官吏和百姓都惊恐不安，人人不知如何自保。这时，太子左卫率羊侃坐镇东掖门，他部署策划抵抗叛军事宜，一夜之间就全都谋划好了，因此，争取到一百多天的时间来抵抗敌人。当时，台城内有四万多人，其中王公大臣不下一百人，但仅凭着羊侃一人来安排策划，他们之间的能力差别竟到了这种地步。古人说："巢父、许由能把天下都让给别人；而市井小人为了一个小钱也要争夺不休。"这两者的差别竟是如此之大。

齐文宣帝即位数年，便沉湎纵恣，略无纲纪[①]；尚能委政尚书令杨遵彦，内外清谧，朝野晏如[②]，各得其所，物无异议，终天保之朝[③]。遵彦后为孝昭所戮，刑政于是衰矣。斛律明月，齐朝折冲之臣[④]，无罪被诛，将士解体[⑤]，周人始有吞齐之志，关中至今誉之。此人用兵，岂止万夫之望[⑥]而已哉！国之存亡，系其生死。

【注释】

①纲纪：法度，法纪。

②晏如：安然的样子。

③天保之朝：天保为北齐文宣帝高洋的第一个年号，550—559年。

④折冲之臣：指军事栋梁，重要武臣。折冲，使敌人的战车后撤，即击退敌军。冲，古代战车的一种。

⑤解体：人心涣散。

⑥万夫之望：即众望所归。

【译文】

齐文宣帝即位没几年，便沉湎酒色，放纵行乐，法纪全无。但他还能将政事交给尚书令杨遵彦处理，所以朝廷内外尚可清静安宁，各种事务都能得到妥善处理，大家都无异议，这种局面一直保持到天保之朝结束。杨遵彦后来被孝昭帝所杀，国家的刑律政令从此也就衰败了。斛律明月是齐朝安邦却敌的重臣，却无罪被杀，军队将士因此而人心涣散，这才使北周萌生了吞并齐国的野心，关中一带人民至今对斛律明月仍称赞不已。这个人用兵如神，岂止是众望所归啊！他的生死甚至可以说关系着国家的存亡。

张延儁之为晋州行台[①]左丞，匡维主将，镇抚疆埸[②]，储积器用，爱活黎民，隐若敌国矣[③]。群小不得行志，同力迁之。既代之后，公私扰乱，周师一举，此镇先平。齐亡之迹，启于是矣。

【注释】

①行台：凡朝廷遣大臣督诸军于外，谓之行台。

②疆埸（yì）：国界，边界。

③隐：威重的样子。敌国：与国家相匹敌。

【译文】

张延儁（jùn）担任晋州行台左丞时，是一位威镇一方的主将，他镇守安抚边疆，积蓄武器用具，爱护黎民百姓，其威严庄重敌得过一个国家。然而那帮小人因为不能恣意妄为，便联合起来把他赶走。撤换了他之后，晋州立即陷入混乱，周国军队乘机出动，首先占领了晋州。齐国灭亡的迹象，也就从此开始了。

勉学第八

自古明王圣帝犹须勤学，况凡庶乎！此事遍于经史，吾亦不能郑重[①]，聊举近世切要，以启寤[②]汝耳。士大夫子弟，数岁已上，莫不被教，多者或至《礼》《传》，少者不失《诗》《论》。及至冠婚，体性稍定；因此天机，倍须训诱。有志尚者，遂能磨砺，以就素业[③]，无履立[④]者，自兹堕慢[⑤]，便为凡人。人生在世，会当有业：农民则计量耕稼，商贾则讨论货贿，工巧则致精器用，伎艺则沉思法术，武夫则惯习弓马，文士则讲议经书。多见士大夫耻涉农商，差务工伎，射则不能穿札[⑥]，笔则才记姓名，饱食醉酒，忽忽[⑦]无事，以此销日，以此终年。或因家世余绪，得一阶半级，便自为足，全忘修学；及有吉凶大事，议论得失，蒙然[⑧]张口，如坐云雾；公私宴集，谈古赋诗，塞默低头，欠伸而已[⑨]。有识旁观，代其入地[⑩]。何惜数年勤学，长受一生愧辱哉！

【注释】

①郑重：重复赘述的意思。

②启寤：启发使觉悟。

③素业：儒业。

④履立：操行。

⑤堕慢：懒惰散漫。

⑥札：铠甲上用皮革或金属制成的叶片。

⑦忽忽：恍惚。

⑧蒙然：无知的样子。

⑨塞默：默不作声，如口被塞。欠伸：倦时打哈欠和伸懒腰。

⑩入地：羞愧入地。

【译文】

自古以来，那些贤王圣帝尚且须要勤奋学习，何况普通百姓呢！这类事例在经书典籍中随处可见，我也不能一一赘述，姑且列举近世紧要的事例说说，以启发点悟你们。士大夫的子弟，几岁以后，没有不受教育的，多的学到《礼记》《左传》，少的起码也读完了《诗经》和《论语》。等到他们加冠结婚时，体质性情都已逐渐成型；趁这个时候，就要加倍对他们进行训育教诲。那些有志气的人，能经受磨炼，成就其正大光明的事业，而那些没有操守的人，从此懒散懈怠起来，就成了平庸之辈。人生在世，应该有所专业：当农民的就要关心耕作，当商贩的就要商谈买卖，当工匠的就要致力于制作各种精巧的用品，技艺之士就要深入研习各种技艺，武士就要熟悉骑马射箭，而文人则要讲论经书。我常见到一些士大夫耻于从事农业和商业，又缺乏手艺，射箭连一层铠甲也射不穿，提起笔仅仅能写出自己的姓名，终日酒足饭饱，无所事事，就这样消耗时日，来过完自己的一辈子。有的人因祖上的余荫，得到一官半职，便自我满足，完全忘记学习修身；碰上吉凶大事，议论起得失来，就张口结舌，茫然无知，如同堕入云雾中一般；在各种公私宴会场合，别人谈古论今，赋诗言志，他口塞无语，低着头不吭声，只有打呵欠的分儿。有见识的旁观者，都替他羞惭，恨不能替他钻到地底下去。这些人为何不勤学几年，却终生含愧受辱呢！

梁朝全盛之时，贵游子弟[①]，多无学术，至于谚云："上车不落则著作[②]，体中何如[③]则秘书。"无不熏衣剃面，傅粉施朱，驾长檐车[④]，跟高齿屐[⑤]，坐棋子方褥[⑥]，凭斑丝隐囊[⑦]，列器玩于左右，从容出入，望若神仙。明经[⑧]求第，则顾人答策[⑨]；三九[⑩]公宴，则假手赋诗。当尔之时，亦快士[⑪]也。及离乱之后，朝市迁革，铨衡选举[⑫]，非复曩[⑬]者之亲；当路秉权，不见昔时之党。求诸身而无所得，施之世而无所用。被褐而丧珠，失皮而露质，兀若枯木，泊若穷流，鹿独[⑭]戎马之间，转死沟壑之际。当尔之时，诚驽材也。有学艺者，触地而安。自荒乱以来，诸见俘虏。虽百世小人，知读《论语》《孝经》者，尚为人师；虽千载冠冕，不晓书记者，莫不耕田养马。以此观之，安可不自勉耶？若能常保数百卷书，千载终不为小人也。

【注释】

①贵游子弟：贵族子弟。

②著作：即著作郎，古代官名。

③体中何如：书信中的客套话。此指这些贵游子弟，仅仅能写一般问候起居的书信。

④长檐车：一种有车幔覆盖车身的车子。

⑤跟：穿鞋。高齿屐：一种有高齿的木底鞋。

⑥棋子方褥：一种织有方格图案的织品制成的坐褥。

⑦凭：倚。隐囊：靠枕。

⑧明经：通晓经术。

⑨顾：通“雇”。答策：即对策。

⑩三九：即三公九卿，封建王朝执掌中央政权的高级官员。

⑪快士：优秀人物。

⑫铨衡：衡量，品评。选举：选拔人才。

⑬曩（nǎng）：过去，从前。

⑭鹿独：颠沛流离的样子。

【译文】

梁朝全盛时期，士族子弟，多数没有学问，以至有俗谚说：“上车不跌落就可当著作郎，会说问候语就可做秘书官。”没有人不讲究熏衣剃面，涂脂抹粉，驾着长檐车，踏着高齿屐，坐着有棋盘图案的方块褥子，靠着用染色丝织成的软囊，左右摆满了器用玩物，从容地出入，看上去真好似神仙一般。若要明经义求取及第，那就雇人回答考试问题；要出席朝廷显贵的宴会，就请人帮助作文赋诗。在这种时候，也算得上是个“才子佳士”。等到发生战乱流离后，朝廷变迁，执掌选拔人才的职位，不再是从前的亲属，当道执政掌权，不再见当年的私党，求之自身一无所得，施之世事一无所用；外边披上粗麻短衣，而内里没有真正本领；外边失去虎皮外表，而露出无能的本质，呆然像枯木，泊然像干涸的水流，落拓兵马之间，辗转死亡沟壑之际，在这种时候，真成了没用的蠢材。只有有学问有才艺的人，才可以随处安身。从战乱以来，所见被俘虏的，即使世代寒士，懂得读《论语》《孝经》的，还能给人家当老师；而那些历代大官，不懂得书记，只有去耕田养马。从这点来看，人怎能不自勉呢？如能保有几百卷的书，经常学习，过上千年也不会成为小人。

夫明“六经”①之指，涉百家之书，纵不能增益德行，敦厉②风俗，犹为一艺，得以自资。父兄不可常依，乡国不可常保，一旦流离，无人庇荫，当自求诸身耳。谚曰：“积财千万，不如薄伎③在身。”伎之易习而可贵者，无过读书也。世人不问愚智，皆欲识人之多，见事之广，而不肯读书，是犹求饱而懒营馔④，欲暖而惰裁衣也。夫读书之人，自羲、农已来，宇宙之下，凡识几人，凡见几事，生民⑤之成败好恶，固不足论，天地所不能藏，鬼神所不能隐也。

【注释】

①六经：指《诗》《书》《礼》《乐》《易》《春秋》六部儒家经典。

②敦厉：敦促劝励。

③伎：技艺。

④馔（zhuàn）：食物。

⑤生民：百姓。

【译文】

通晓《六经》要旨，遍涉百家之书，即使不能增加自己的德行，劝勉世风习俗，也算是有一技在身，能够赖以为生。父母兄弟不能够终生依赖，家乡和邦国也不能保证永远不离开，一旦流离失所，便无人依靠，只能靠自己了。俗话说：“积财千万，不如有薄技在身。”各种技艺中容易学习并能使人高贵的，就算是读书了。世人中不管是聪明的还是愚笨的，只知道广交朋友，多见世面，却不肯读书，这就好比想吃饱肚子却懒得去做饭，想穿得暖和却不想去做衣。读书人能从书中知晓自伏羲、神农以来天地宇宙间出现的各种人和事，领略人们成败好恶的道理，这种本领天地无法隐藏，鬼神也难以掩盖。

有客难主人曰：“吾见强弩长戟[①]，诛罪安民，以取公侯者有矣；文义习吏，匡时富国，以取卿相者有矣；学备古今，才兼文武，身无禄位，妻子饥寒者，不可胜数，安足贵学乎？”主人对曰：“夫命之穷达，犹金玉木石也；修以学艺，犹磨莹[②]雕刻也。金玉之磨莹，自美其矿璞[③]；木石之段块，自丑其雕刻。安可言木石之雕刻，乃胜金玉之矿璞哉？不得以有学之贫贱，比于无学之富贵也。且负甲为兵，咋笔[④]为吏，身死名灭者如牛毛，角立杰出者如芝草[⑤]；握素披黄[⑥]，吟道咏德，苦辛无益者如日蚀，逸乐名利者如秋荼[⑦]，岂得同年而语[⑧]矣。且又闻之：生而知之者上，学而知之者次。所以学者，欲其多知明达耳。必有天才，拔群出类，为将则暗与孙武、吴起同术，执政则悬得管仲、子产之教，虽未读书，吾亦谓之学矣。今子即不能然，不师古之踪迹，犹蒙被而卧耳。

【注释】

①弩（nǔ）：一种用机械力量发射的弓。戟（jǐ）：古代的一种兵器。

②磨莹：磨冶。

③矿：未经冶炼的金属。璞：未经雕琢的玉石。

④咋笔：操笔。

⑤角立：像角一样挺立。芝草：即灵芝草，代指稀少。

⑥素：即绢素。黄：即黄卷。素、黄均代指书籍。

⑦荼：菅茅等植物的白花，因其秋天花开茂盛，故文中以秋荼比喻繁多。

⑧同年而语：即相提并论。

【译文】

有客人诘问我：“我见有的人依靠刀枪剑戟，诛灭罪恶之人，安抚黎民百姓，而成为公侯；有的人因为熟读经史，匡正时世，使国家富足，而位至卿相；但有的人虽然学贯古今，文武双全，却未能得一官半职，他们的妻子儿女甚至免不了饥寒交迫，这样的人数不胜数，如此看来，怎么能说只有通过学习才能使人富贵呢？”我回答说：“一个人命运的好坏，犹如金玉和木石。通过修行掌握技艺，就像金玉需要磨冶，木石需要雕刻一样。经过磨冶的金玉，自然比加工之前更加漂亮，碎段碎块的木石，本身就比雕刻的木石丑陋。怎么能说经过雕刻的木石，就一定比未经磨冶的金玉更好呢？同样，不能把有学问之人的贫贱和无学问之人的富贵相比较。再说披甲上阵的士兵和捉笔为文的小吏，默默而死者多如牛毛，出类拔萃脱颖而出者少如灵芝。手捧书卷、谈论道德的人中，甘于辛苦贫穷的少而又少，贪图安逸名利的则非常之多，怎么能同日而语呢？我还听说：生来就聪明的人是上等人，通过学习而使自己聪明的是次一等人。因此，学习，只不过是想获取更多的知识以求更加聪明通达。如果真有天才，出类拔萃，领兵能暗合孙武、吴起的兵法，执政能遥知管仲、子产的教化，即使他不曾读书，我也认为他很有学问。如今你们既不能做到这些，又不愿意效法古人，自然就如同蒙着被子睡觉什么也看不见了。”

人见邻里亲戚有佳快①者，使子弟慕而学之，不知使学古人，何其蔽也哉？世人但知跨马被甲，长矟②强弓，便云我能为将；不知明乎天道，辨乎地利，比量逆顺，鉴达兴亡之妙也。但知承上接下，积财聚谷，便云我能为相；不知敬鬼事神，移风易俗，调节阴阳，荐举贤圣之至③也。但知私财不入，公事夙办，便云我能治民；不知诚已刑物④，执辔如组⑤，反⑥风灭火，化鸱⑦为凤之术也。但知抱令守律，早刑晚舍⑧，便云我能平狱；不知同辕观罪⑨，分剑追财⑩，假言而奸露，不问而情得之察也。爰及农商工贾，厮役奴隶，钓鱼屠肉，饭牛牧羊，皆有先达，可为师表，博学求之，无不利于事也。

【注释】

①佳快：优秀的人。

②矟（shuò）：即槊，古代的一种兵器，重型骑兵使用，外型类似长枪。

③至：周密。

④刑物：给人做出榜样。

⑤执辔（pèi）如组：本指马车驾得好，比喻御民有方。辔，马缰绳。组，用丝织成的宽带子。

⑥反：同“返”，回的意思。

⑦鸱（chī）：即猫头鹰，食其母，古人视为恶鸟。

⑧早刑晚舍：用刑宁早，纵舍宁迟。

⑨同辕观罪：将犯人系在同一车辕，使其明白自己所犯罪行。

⑩分剑追财：相传沛郡富人临死之际，将家财全部交给女儿，并给女儿一把剑，说等她弟弟长到十五岁时，将剑还给弟弟。弟弟十五岁时，姐姐不肯还剑。于是打官司。太守何武将家财全部判给弟弟。说那是父亲怕女儿害弟弟，所以等儿子十五岁时，让他索回剑。剑的寓意是决断。

【译文】

人们看到乡邻亲戚中有优秀的榜样，叫子弟去仰慕学习，而不知道叫他们去学习古人，这是多么糊涂啊。世人只知道骑马披甲，长矛强弓，就说我能为将，却不知道要有明察天道，辨识地利，比较衡量是否顺乎时势人心、明察通晓兴亡的能耐。只知道承上接下，积财聚谷，就说我能为相，却不知道要有敬神事鬼，移风易俗，调节阴阳，推荐选举贤圣之人的水平。只知道不谋私财，办理公事，就说我能治理百姓，却不知道要有诚己正人，治理有序，救灾灭祸，教化百姓的本领。只知道执行律令，早判晚赦，就说我能平狱，却不知道侦察、取证、审讯、推断等种种技巧。在古代，不管是务农的、做工的、经商的、当仆人的、做奴隶的，还是钓鱼的、杀猪的、喂牛牧羊的人中，都有显达贤明的先辈，可以作为学习的榜样，博学寻求，没有不利于成就事业的啊！

夫所以读书学问，本欲开心明目，利于行耳。未知养亲者，欲其观古人之先意承颜[①]，怡声下气[②]，不惮劬劳[③]，以致甘腝[④]，惕然惭惧，起而行之也。未知事君者，欲其观古人之守职无侵，见危授命，不忘诚谏，以利社稷，恻然自念，思欲效之也。素骄奢者，欲其观古人之恭俭节用，卑以自牧[⑤]，礼为教本，敬者身基，瞿然[⑥]自失，敛容抑志也；素鄙吝者，欲其观古人之贵义轻财，少私寡欲，忌盈恶满，赒[⑦]穷恤匮，赧然悔耻，积而能散也；素暴悍者，欲其观古人之小心黜己，齿弊舌存，含垢藏疾，尊贤容众，苶然[⑧]沮丧，若不胜衣也；素怯懦者，欲其观古人之达生委命[⑨]，强毅正直，立言必信，求福不回，勃然奋厉，不可恐慑也：历兹以往，百行皆然。纵不能淳，去泰去甚[⑩]。学之所知，施无不达。世人读书者，但能言之，不能行之，忠孝无闻，仁义不足；加以断一条讼，不必得其理；宰千户县[⑪]，不必理其民；问其造屋，不必知楣横而棁竖也[⑫]；问其为田，不必知稷早而黍迟也；吟啸谈谑，讽咏辞赋，事既优闲，材增迂诞，军国经纶，略无施用，故为武人俗吏所共嗤诋[⑬]，良由是乎！

【注释】

①先意承颜：指孝子体察父母心意而顺承其意愿。

②怡声下气：指声气和悦，恭顺貌。

③劬（qú）劳：劳累。

④腝（ér）：烂熟。

⑤卑以自牧：以谦卑自守。

⑥瞿然：惊讶的样子。

⑦赒（zhōu）：通“周”，周济，救济。

⑧苶（nié）然：疲惫的样子。

⑨达生：看透人生。委命：委心任命。

⑩去泰去甚：指做事忌太过太甚。

⑪千户县：指最小的县。

⑫ 楣：房屋的横梁。棁（zhuó）：梁上短柱。

⑬ 嗤（chī）诋：讥笑。

【译文】

人之所以要读书求学，本来是为了启迪心智，开阔视野，以利于自己行世。对那些不知道如何奉养父母的人，要让他们看到古人如何体会父母心意，按父母的意愿办事；如何柔声细语，和颜悦色地与父母说话；如何不辞劳苦，让父母吃到甘美甜软的食物；让他们感到惭愧，从而效法古人。对那些不知道如何侍奉国君的人，要让他们看到古人如何坚守职责，在危急关头，不惜牺牲性命；如何不忘自己忠心劝谏的职责，以维护国家的利益，使他们受到触动反观自己，进而去效仿古人。对那些平时骄横淫逸的人，要让他们看到古人的恭敬俭朴，节约克制；如何谦卑自守，礼为教本，敬为身基，使他们震惊变色，自觉行为有失，从而收敛骄横之态，抑制骄奢的心性；对那些向来浅薄吝啬的人，要让他们看到古人如何重义轻财，少私寡欲；忌盈恶满，如何体恤救济穷人，使他们脸红，产生懊悔羞耻之心，从而做到既能积财又能散财；对那些平时暴虐凶悍的人，要让他们看到古人如何小心谨慎自我约束，懂得齿亡舌存的道理；宁柔勿刚，尊重贤士，容纳众人，使他们疲倦沮丧，显出谦恭退让的样子来。对那些平时胆小懦弱的人，要让他们看到古人如何看透人生，听天由命，如何强毅正直，言而有信，如何祈求福运而不违祖道，使他们能奋发自强，无所畏惧：由此类推，各方面品行的培养都可采取以上方式。即使不能使风气淳正，也可去掉那些过分的毛病。从学习中所获取的知识，运用在哪里都可以见到成效。然而现在的读书人，只知空谈，不能行动，忠孝没有听说过，仁义也做得不够，让他们审断一桩官司，不一定能公正处理；作为一个县官，不一定亲自管理过百姓；问他们怎样造房子，未必知道楣是横着放而棁是竖着放；问他们怎样种田，未必知道谷子要早下种而黄米要晚下种；平日只知道吟咏歌唱，谈笑戏谑，写诗作赋，优哉游哉，做些迂阔荒诞的事情外，对治军治国则毫无用处，所以他们被那些文臣武官嘲笑辱骂，确实是有原因的。

夫学者所以求益耳。见人读数十卷书，便自高大，凌忽[1]长者，轻慢同列[2]；人疾之如仇敌，恶之如鸱枭。如此以学自损，不如无学也。

【注释】

① 凌忽：欺凌轻视。

② 同列：同朝官员。

【译文】

人们学习是为了让自己有所进益。有的人读了几十卷书，就自高自大，轻视长者，看不起同辈。人们憎恶这种人像对仇敌一般，像厌恶鸱枭一般厌恶他。像这样因学习而损害自己的形象，还不如不学。

古之学者为己，以补不足也；今之学者为人，但能说[1]之也。古之学者为人，行道以利世也；今之学者为己，修身以求进也。夫学者犹种树也，春玩其华，秋登其实；讲论文章，春华也，修身利行[2]，秋实也。

【注释】

① 说：同“悦”。

② 修身利行：修养德性，以利于言行。

【译文】

古代的人求学是为了充实自己，弥补自身的不足；现在的人求学是为了向别人炫耀，为的是夸夸其谈。古代的人求学是为了别人，推行自己的主张以造福社会；现在求学的人是为了自身需要，提高知识水平以谋求官位。学习就像种树一样，春天可以观赏它的花朵，秋天可以摘取它的果实；谈论文章，这就好比赏玩春花，修身利行，这就好比摘取秋果。

人生小幼，精神专利[1]，长成已后，思虑散逸，固须早教，勿失机也。吾七岁时，诵《灵光殿赋》，至于今日，十年一理，犹不遗忘；二十之外，所诵经书，一月废置，便至荒芜[②]矣。然人有坎壈[③]，失于盛年，犹当晚学，不可自弃。孔子云："五十以学《易》，可以无大过矣。"魏武、袁遗，老而弥笃，此皆少学而至老不倦也。曾子七十乃学，名闻天下；荀卿五十，始来游学，犹为硕儒；公孙弘四十余，方读《春秋》，以此遂登丞相；朱云亦四十，始学《易》《论语》；皇甫谧二十，始受《孝经》《论语》：皆终成大儒，此并早迷而晚寤也。世人婚冠未学，便称迟暮，因循[④]面墙，亦为愚耳。幼而学者，如日出之光，老而学者，如秉烛夜行，犹贤乎瞑目而无见者也。

【注释】

① 专利：专一集中注意力。

② 荒芜：此指学业荒废。

③ 坎壈（lǎn）：困顿，不得志。

④ 因循：沿袭保守。此处指不愿再重新学习。

【译文】

人在少年时，精神专注聪敏，而长大成人以后，思想就容易分散，因此对孩子的教育应该及早着手，以免坐失良机。我七岁时，便能背诵《灵光殿赋》，时至今日，每十年温习一遍，仍然没有忘记；但二十岁以后背诵的经书，一个月不看，就几乎要荒废了。当然，人生坎坷，如果壮年时失去了学习机会，晚年还应当补上，不能自暴自弃。孔子说："五十开始学习《易经》，可以避免犯大错误。"曹操、袁遗，越老学习越努力，都是从小就勤奋学习到老仍不倦怠的例子。曾子七十岁才开始学习，结果名闻天下；荀子五十岁才到齐国游学，最后竟成大儒；公孙弘四十多岁才开始研读《春秋》，并因此而位至丞相；朱云也是四十岁才开始学习《易经》和《论语》；皇甫谧二十岁开始向人学习《孝经》和《论语》：这些人最终都成为大学者，而且他们都是早年沉迷晚年才醒悟的例子啊。现在社会上的人到了结婚或举行冠礼的年龄还没有学习，便自叹已经老了，来不及了，并仍然像以前一样面壁而立，甘于一无所知，也太愚腐了。幼年开始学习，就像早晨的太阳光芒四射；老年才开始学习，则像手持蜡烛夜间行路，但总比闭起眼睛什么都看不见的人要强。

学之兴废，随世轻重。汉时贤俊，皆以一经弘圣人之道，上明天时，下该[①]人事，用此致卿相者多矣。末俗[②]已来不复尔，空守章句[③]，但诵师言，施之世务，殆无一可。故士大夫子弟，皆以博涉为贵，不肯专儒。梁朝皇孙以下，总丱之年[④]，必先入学，观其志尚，出身[⑤]已后，便从文史，略无卒业者。冠冕[⑥]为此者，则有何胤、刘瓛、明山宾、周舍、朱异、周弘正、贺琛、贺革、萧子政、刘绍等，兼通文史，不徒讲说[⑦]也。洛阳亦闻崔浩、张伟、刘芳，邺下又见邢子才：此四儒者，虽好经术，亦以才博擅名。如此诸贤，故为上品，以外率多田野间人，音辞鄙陋，风操蚩[⑧]拙，相与专固，无所堪能，问一言辄酬数百，责其指归[⑨]，或无要会[⑩]。邺下谚云："博士买驴，书券三纸，未有驴字。"使汝以此为师，令人气塞。孔子曰："学也，禄在其中矣。"今勤无益之事，恐非业也。夫圣人之书，所以设教，但明练经文，粗通注义，常使言行有得，亦足为人；何必"仲尼居"即须两纸疏义，燕寝[⑪]讲堂，亦复何在？以此得胜，宁有益乎？光阴可惜，譬诸逝水。当博览机要，以济功业；必能兼美，吾无间[⑫]焉。

【注释】

①该：包括完备。

②末俗：末世的风俗，指不好的风俗。

③章句：古书的章节与句子。

④总丱（guàn）之年：指童年时代。丱，儿童束发成两角的样子。

⑤出身：指出仕，开始做官。

⑥冠冕：此处为仕宦的代称。

⑦讲说：讲论说解。

⑧蚩：丑陋的样子。

⑨ 指归：意旨，意向。

⑩ 要会：要旨的意思。

⑪ 燕寝：闲居之处。

⑫ 无间：无话可说。

【译文】

学习风气是否浓厚，取决于社会是否有重视知识的风气。汉代的贤能之士，都能凭一种经术来弘扬圣人之道，上通天文，下知人事，以此获得卿相官职的人很多。末世清谈之风盛行以来，读书人拘泥于章句，只会背诵师长的言论，在现实事务上，几乎没有一件用得上。所以士大夫的子弟，都讲究多读书，不肯专守章句。梁朝贵族子弟，到童年时代，必须先让他们入国学，观察他们的志向与崇尚，走上仕途后，就做文吏的事情，很少有完成学业的。世代当官而从事经学的，则有何胤、刘瓛、明山宾、周舍、朱异、周弘正、贺琛、贺革、萧子政、刘绍等人，他们都兼通文史，不只是会讲解经术。我也听说在洛阳的有崔浩、张伟、刘芳，在邺下又见到邢子才，这四位儒者，不仅喜好经学，也以文才博学闻名，像这样的贤士，自然可称上品。此外，大多数是田野间人，言语鄙陋，举止粗俗，还都专断保守，什么能耐也没有，问一句就回答几百句，辞不达意，不得要领。邺下有俗谚说："博士买驴，写了三张契约，没有一个'驴'字。"如果让你们拜这种人为师，会被他气死的。孔子说过："好好学习，俸禄就在其中。"现在有人只在无益的事上尽力，恐怕不算正业吧！圣人的典籍，是用来教化的，只要熟悉经文，粗通传注大义，常使自己的言行得当，足以立身做人就行了。何必"仲尼居"三个字就得用上两张纸的注释，去弄清楚究竟"居"是在闲居的内室还是在讲习经术的厅堂，这样就算讲对了，这一类的争议有什么意义呢？争个谁高谁低，又有什么益处呢？光阴似箭，应该珍惜，它像流水一样，一去不复还。应当博览经典著作之精要，用来成就功名事业，如果能两全其美，那样我自然也就没必要再说什么了。

俗间儒士，不涉群书，经纬[1]之外，义疏而已。吾初入邺，与博陵崔文彦交游，尝说《王粲集》中难郑玄《尚书》事。崔转为诸儒道之，始将发口[2]，悬见排蹙[3]，云："文集只有诗赋铭诔，岂当论经书事乎？且先儒之中，未闻有王粲也。"崔笑而退，竟不以粲集示之。魏收之在议曹，与诸博士议宗庙事，引据《汉书》，博士笑曰："未闻《汉书》得证经术。"收便忿怒，都不复言，取《韦玄成传》，掷之而起。博士一夜共披寻之，达明，乃来谢曰："不谓玄成如此学也。"

【注释】

① 经纬：经书和纬书。经书指儒家经典，纬书是汉代以神学附合儒家经义的书。

② 发口：开口。

③ 排蹙（cù）：责难。

【译文】

世俗的读书人，不知广泛涉猎群书，除了研读经书和纬书外，就是学注疏而已。我初到邺城时，与博陵的崔文彦有交往，曾谈起《王粲集》中关于王粲责难郑玄注解《尚书》的事。崔文彦转而和几位读书人谈起此事，刚一开口，就被他们斥责道："王粲文集中只有诗、赋、铭、诔之类的文章，哪里还会论及经书的问题？况且在先代儒士之中，也没听说过王粲这人啊。"崔文彦笑了笑便走了，终究未把《王粲集》给他们看。魏收担任议曹时，与各位博士谈论有关宗庙的事情，并引《汉书》为据，众博士嘲笑说："我们没听说过《汉书》可以验证经学。"魏收很生气，不再说话，拿出《汉书·韦玄成传》，扔给他们就起身走了。博士们在一起用了一夜来研读此书，天亮时，前来向魏收道歉说："想不到韦玄成还有这等造诣啊。"

夫老、庄之书，盖全真[1]养性，不肯以物累己[2]也。故藏名柱史[3]，终蹈流沙；匿迹漆园，卒辞楚相，此任纵之徒耳。何晏、王弼[4]，祖述玄宗，递相夸尚，景附草靡[5]，皆以农、黄[6]之化，在乎己身，周、孔之业，弃之度外。而平叔以党曹爽见诛，触死权之网也；辅嗣以多笑人被疾，陷好胜之阱也；山巨源[7]以蓄积取讥，背多藏厚亡之文也；夏侯玄以才望被戮，无支离[8]臃肿之鉴也；荀奉倩[9]丧妻，神伤而卒，非鼓缶[10]之情也；王夷甫[11]悼子，悲不自胜，异东门[12]之达也；嵇叔夜[13]排俗取祸，岂和光同尘[14]之流也，郭子玄[15]以倾动专势，宁后身外己之风也；阮嗣宗[16]沉酒荒迷，乖畏途相诫之譬也；谢幼舆[17]赃贿黜削，违弃其余鱼[18]之旨也：彼诸人者，并其领袖，玄宗所归。其余桎梏尘滓之中，颠仆名利之下者，岂可备言乎！直取其清谈雅论，剖玄析微，宾主往复，娱心悦耳，非济世成俗之要也。洎于梁世，兹风复阐，《庄》《老》《周易》，总谓《三玄》。武皇、简文，躬自讲论。周弘正奉赞大猷[19]，化行都邑，学徒千余，实为盛美。元帝在江、荆间，复所爱习，召置学生，亲为教授，废寝忘食，以夜继朝，至乃倦剧愁愤，辄以讲自释。吾时颇预末筵，亲承音旨，性既顽鲁，亦所不好云。

【注释】

①全真：保全天然本性。

②以物累己：被外物拖累己身。

③柱史：柱下史的省称，为周秦时官名，相当于汉代以后的御史。

④何晏：字平叔，三国魏名士。王弼：字辅嗣，三国魏名士。

⑤草靡：顺风倒伏，比喻赞同，臣服。

⑥农、黄：神农氏和黄帝。

⑦山巨源：山涛，名巨源，竹林七贤之一。

⑧支离：《庄子》书中寓言人物，形体怪异臃肿。

⑨荀奉倩：荀粲，字奉倩，三国魏名士。

⑩缶（fǒu）：瓦器。

⑪王夷甫：王衍，字夷甫，西晋名士。

⑫东门：即东门吴，战国时期秦国人，为人达观乐命，儿子

死后也表现得很乐观。后来成为达观者的通称。

⑬ 嵇叔夜：嵇康，字叔夜。

⑭ 和光同尘：把光荣和尘浊同等看待。

⑮ 郭子玄：郭象，字子玄。

⑯ 阮嗣宗：阮籍，字嗣宗。

⑰ 谢幼舆：谢鲲，字幼舆。

⑱ 余鱼：比喻多余的东西。

⑲ 大猷（yóu）：治国的大道。

【译文】

老子、庄子的著作，强调修身养性，保全本质，不肯让外物妨碍自身的天性。所以，老子隐姓埋名在周朝担任柱下史，最后进入沙漠，隐居起来；庄子在漆园隐身匿迹，终于辞却了楚相。他们都是无所拘束、自由自在的人。何晏、王弼师法前人，论述道教的玄理，竞相宣扬崇尚道教。当时的人如影随形，如草随风一样地追随他们，都以神农、黄帝的教化作为立身之本，将周公、孔子的儒家经术置之度外。何晏因与曹爽结党而被诛杀，陷入争权夺利的罗网；王弼因讥笑别人而遭人憎恨，掉进争强好胜的陷阱；山巨源因蓄积财物而遭人讥讽，重蹈积蓄越多、失去越多的覆辙；夏侯玄因炫耀才学名望而被害，没有借鉴“支离臃肿”的经验；荀奉倩丧妻后，因过度悲伤而死，没有像庄子那样，丧妻后鼓盆而歌的通达之情；王夷甫丧子后，悲伤不已，不像东门子丧子后无忧达观；嵇康因不随流入俗而遭祸害，并不是随流合众之人；郭子玄权势震动一时，没有达到甘于人后、忘掉自我的境界；阮嗣宗好酒贪杯、荒诞迷乱，背离了险途中应该小心谨慎的古训；谢幼舆因贪赃枉法而被罢官，违背了不应该贪得无厌的教义。以上这些人物，都是道教中的领袖人物。其余那些受到尘世污浊之风的熏染，为名利奔走的人，难道还值得细说吗！这些人只是会高谈阔论，剖析玄奥微妙的义理，宾主之间互相问答，娱心悦耳而已，并不把它当作救世匡俗的要道。到了梁代，这种清谈之风又盛行起来，《庄子》《老子》和《周易》，总称为“三玄”，梁武帝和简文帝都亲自讲解评论。还有周弘正奉命传播道教，在都邑教化推行，门徒有一千多人，真可谓盛况空前。梁元帝在江州、荆州期间，也很喜欢讲习“三玄”，召集门生，亲自传授，废寝忘食，夜以继日，甚至倦极愁闷的时候，就用讲授玄学来排遣。我当时多次到现场，亲自听他讲授，只是自己生性愚钝，也不太爱好这一类的说教。

齐孝昭帝侍娄太后疾，容色憔悴，服膳减损。徐之才为灸两穴，帝握拳代痛，爪入掌心，血流满手。后既痊愈，帝寻疾崩，遗诏恨不见太后山陵[①]之事。其天性至孝如彼，不识忌讳如此，良由无学所为。若见古人之讥欲母早死而悲哭之，则不发此言也。孝为百行之首，犹须学以修饰之，况余事乎！

【注释】

① 山陵：帝王或皇后的坟墓。此指孝昭帝母亲的丧事。

【译文】

北齐的孝昭帝侍奉患病的娄太后，因劳累担忧以致脸色憔悴，进食减少。徐之才为太后针灸两个穴位，孝昭帝在旁边握拳代感疼痛，指甲刺入掌心，以致血流满手。太后病愈后不久，孝昭帝却因病而亡，他在遗诏中说：遗憾不能亲自为太后操办后事，以尽孝心了。他的天性是这样孝顺，却如此不知忌讳，这全都是不读书造成的。他如果从书中读过古人讽刺那些盼望母亲早死以便痛哭尽孝的人的记载，就不会说出那样的话了。孝为百行之首，尚且需要通过学习去培养完善，何况其他的事呢！

梁元帝尝为吾说：“昔在会稽，年始十二，便已好学。时又患疥[①]，手不得拳，膝不得屈。闲斋张葛帏[②]避蝇独坐，银瓯贮山阴甜酒，时复进之，以自宽痛。率意自读史书，一日二十卷，既未师受[③]，或不识一字，或不解一语，要自重之，不知厌倦。”帝子之尊，童稚之逸，尚能如此，况其庶士，冀以自达者哉？

【注释】

① 疥：疥疮。

② 葛帏：用葛布制成的围帐。

③ 师受：受师。

【译文】

梁元帝曾经对我说："从前我在会稽时，刚刚十二岁，便已经非常喜欢学习。当时患有疥疮，手不能握拳，腿不能弯曲。为免蚊蝇叮咬，在屋子里支起纱帐独坐其中，旁边放一只酒杯倒上绍兴甜酒，不时地喝上一口，以缓解疼痛。当时我决心自学史书，一天二十卷。由于没有老师教授，有时一个字不认识，一句话看不懂，便反复阅读，不知厌倦。"以帝王的尊贵，孩童的贪玩，尚能做到这些，更何况一般人，而且是希望自己能够进步通达的人呢？

古人勤学，有握锥投斧[①]，照雪聚萤[②]，锄则带经，牧则编简，亦为勤笃。梁世彭城刘绮，交州刺史勃之孙，早孤家贫，灯烛难办，常买荻尺寸折之，然明夜读。孝元初出会稽，精选寮寀[③]，绮以才华，为国常侍兼记室[④]，殊蒙礼遇，终于金紫光禄。义阳朱詹，世居江陵，后出扬都，好学，家贫无资，累日不爨[⑤]，乃时吞纸以实腹。寒无毡被，抱犬而卧，犬亦饥虚，起行盗食，呼之不至，哀声动邻，犹不废业，卒成学士，官至镇南录事参军，为孝元所礼。此乃不可为之事，亦是勤学之一人。东莞臧逢世，年二十余，欲读班固《汉书》，苦假借不久，乃就姊夫刘缓乞丐客刺书翰纸末，手写一本，军府服其志尚，卒以《汉书》闻。

【注释】

① 握锥：指战国时苏秦刻苦读书以锥刺股之事。投斧：指文党投斧求学之事。文党和人一起到山中砍树，和人说：我想到远方求学。现在我来试一下，我把斧子扔出去，一定会挂在高高的树上。文党仰头扔斧子，果然挂在了树上，他就到长安求学去了。

② 照雪：指晋人孙康映雪读书的事。聚萤：指晋人车胤聚萤

火虫之光读书的事。他读书十分用功，因为家里穷买不起灯油，夏天的时候他就把捉来的萤火虫装在白丝袋里照明。

③寮寀（liáo cǎi）：寮，通“僚”，官；寀，采地，此处指官吏。

④记室：官名，掌管章表书记文檄。

⑤爨（cuàn）：烧火煮饭。

【译文】

古人勤奋好学的榜样很多，有用锥子刺大腿防止瞌睡的苏秦；有投斧于高树下决心到长安求学的文党；有在夜间靠雪地反光勤读的孙康；有用袋子收集萤火虫用来照读的车胤；汉代的常林耕种时也不忘带上经书；路温舒在放牛时读书，他们都是勤勉努力的人。梁朝彭城的刘绮，是交州刺史刘勃的孙子，早年死了父亲，家境贫寒，没有钱购买灯烛，就买来荻草，把它的茎折成数段，点燃后照明夜读。梁元帝在任会稽太守时，选拔了一批官吏，刘绮以其出众的才华当上了太子府中的国常侍兼记室，很受元帝的器重，最后官至金紫光禄大夫。义阳的朱詹，祖居江陵，后来到了建业。他为人勤学，但家中贫穷，有时连续几天都不能开锅煮饭，就经常吞纸充饥。天冷没有被盖，就抱着狗取暖睡觉，狗也饿得受不了，就跑出去偷东西吃，朱詹大声呼唤也阻拦不了，他哀痛的喊声惊动了邻里。尽管如此，他依旧没有放弃学业，终于成为学士，官至镇南录事参军，为元帝所尊重。这不是一般人所能做到的，也是一个勤学的榜样。东莞人臧逢世，二十岁时，想读班固的《汉书》，但苦于借来的书不能长久阅读，就向姐夫刘缓讨来名片、书札的边幅纸头，亲手抄了整整一本。军府中的人都佩服他的志气，后来他终于以研究《汉书》而著称当世。

齐有宦者内参[①]田鹏鸾，本蛮人也。年十四五，初为阍寺[②]，便知好学，怀袖握书，晓夕讽诵。所居卑末，使役苦辛，时伺间隙，周章询请。每至文林馆[③]，气喘汗流，问书之外，不暇他语。及睹古人节义之事，未尝不感激沉吟久之。吾甚怜爱，倍加开奖。后被赏遇，赐名敬宣，位至侍中开府。后主之奔青州，遣其西出，参伺动静，为周军所获。问齐主何在，绐[④]云："已去，计当出境。"疑其不信，欧捶服之，每折一支[⑤]，辞色愈厉，竟断四体而卒。蛮夷童丱，犹能以学成忠，齐之将相，比敬宣之奴不若也。

【注释】

① 内参：太监。

② 阍（hūn）寺：守宫门的人。

③ 文林馆：官署名，北齐置，掌著作及校理典籍，兼训生徒，置学士。

④ 绐（dài）：哄骗，欺骗。

⑤ 支：通"肢"，肢体。

【译文】

北齐有位叫田鹏鸾的太监，本是蛮夷之人。十四五岁做官门守门人的时候，就知道学习，他总是随身带着书，早晚诵读。他地位低下，做差事非常辛苦，但他一有空闲时间，就四处请教。每次到文林馆，气喘汗流，除了询问书中不懂的地方外，一句其他的话都顾不得讲。每当他看到古人讲气节、重义气的事，心情就十分激动，连声赞叹。我很喜欢他，对他加以教导勉励。后来他得到皇帝的赏识，赐名为敬宣，职至侍中开府。齐后主逃往青州的时候，派他到西边去侦查敌军情况，结果被北周军队俘获。周军问他后主在什么地方，田鹏鸾欺骗他们说："国君已走了，恐怕已出境了。"周军不信他的话，就痛打他，企图使他屈服；他的四肢每被打断一条，他声音和神色就越是坚定，最后终因四肢断裂而死。一个少数民族的孩子，尚且能够通过学习成为忠臣，北齐的将相们，连敬宣这样的奴仆都不如。

邺平之后，见徙[①]入关。思鲁尝谓吾曰："朝无禄位，家无积财，当肆筋力，以申供养。每被课笃[②]，勤劳经史，未知为子，可得安乎？"吾命之曰："子当以养为心，父当以学为教。使汝弃学徇财[3]，丰吾衣食，食之安得甘？衣之安得暖？若务先王之道，绍家世之业，藜羹缊褐[4]，我自欲之。”

【注释】

①徙（xǐ）：迁移。

②笃：察视，督促。

③徇财：徇，通“殉”，以身求财。

④藜羹：用嫩藜煮成的羹饭，指粗劣的食物。缊（yùn）褐：泛指粗陋衣服。

【译文】

邺下被北周平定以后，我被迁送进关中。大儿子思鲁对我说：“我家在朝廷上没有禄位，家里面没有积蓄，我应该用力干活挣钱，来供给家用。却每天被课程督促，在经史上用苦功夫，做儿子的怎能安心呢？”我教训他说：“做儿子的应当把养家放在心上，做父亲的应当以学为教。如果叫你放弃学业而一意求财，让我衣食丰足，即使我食用美味又怎会觉得甘美，穿华服在身又哪能感到暖和？如果从事于先王之道，继承了家世之业，即使吃粗劣饭菜、穿乱麻衣服，我也心甘情愿。”

《书》曰：“好问则裕。”《礼》云：“独学而无友，则孤陋而寡闻。”盖须切磋相起[1]明也。见有闭门读书，师心自是[2]，稠人广坐，谬误差失者多矣。《穀梁传》称公子友与莒挐相搏，左右呼曰：“孟劳。”孟劳者，鲁之宝刀名，亦见《广雅》。近在齐时，有姜仲岳谓：“孟劳者，公子左右，姓孟名劳，多力之人，为国所宝。”与吾苦诤。时清河郡守邢峙，当世硕儒，助吾证之，赧然而伏。又《三辅决录》云，灵帝殿柱题曰：“堂堂乎张[3]，京兆田郎。”盖引《论语》，偶以四言，目京兆人田凤也。有一才士，乃言：“时张京兆及田郎二人皆堂堂耳。”闻吾此说，初大惊骇，其后寻愧悔焉。江南有一权贵，读误本《蜀都赋》注，解“蹲鸱，芋也”，乃为“羊”字；人馈羊肉，答书云：“损惠[4]蹲鸱。”举朝惊骇，不解事义，久后寻迹，方知如此。元氏之世[⑤]，在洛京时，有一才学重臣，新得《史记音》，而颇纰缪，误反"颛顼"字，顼当为许录反，错作许缘反，遂谓朝士言："从来谬音'专旭'，当音'专翾'耳。"此人先有高名，翕然[⑥]信行；期年之后，更有硕儒，苦相究讨，方知误焉。《汉书·王莽赞》云："紫色蛙声，余分闰位。"谓以伪乱真耳。昔吾尝共人谈书，言乃王莽形状，有一俊士，自诩史学，名价甚高，乃云："王莽非直鸱目虎吻，亦紫色蛙声。"又《礼乐志》云："给太官挏马酒。"李奇注："以马乳为酒也，揰挏[⑦]乃成。"二字并从手。揰挏，此谓撞捣挺挏之，今为酪酒亦然。向学士又以为种桐时，太官酿马酒乃熟。其孤陋遂至于此。太山羊肃，亦称学问，读潘岳赋"周文弱枝之枣"，为杖策之杖；《世本》"容成造历"，以历为碓磨之磨。

【注释】

① 起：启发，开导。

② 师心自是：本指以己意为师，后指固执己见，自以为是。

③ 堂堂乎张：指相貌堂堂很有气派。

④ 损惠：谢人馈送礼物的敬辞。意谓对方降抑身份而加惠于己。

⑤ 元氏之世：指北魏。元氏为北魏皇帝之姓。

⑥ 翕然：聚集的样子。

⑦ 揰挏（chòng dòng）：上下撞击。

【译文】

《尚书》上说："喜欢提问就会知识渊博。"《礼经》上说："独自学习而不与朋友共同商讨，就会孤陋寡闻。"看来，学习要共同切磋，互相启发，才能更有成效。我就见过不少人只知闭门读书，自以为是，在大庭广众之下口出谬言。《穀梁传》中记载公子友与莒两人相斗，公子友周围的人大喊："孟劳。"孟劳是鲁国宝刀的名称，这个解释也记载于《广雅》。不久前我在齐朝的时候，有个叫姜仲岳的人说："孟劳是公子友身边的人，姓孟，名劳，是位大力士，为鲁国人所看重。"他因此和我再三争辩。当时清河郡守邢峙也在场，他是当今的大学者，他为我证实了孟劳的真正含义，姜仲岳才红着脸信服了。此外,《三辅决录》上说，汉灵帝在宫殿柱子上题的字为:“堂堂乎张，京兆田郎。”这是《论语》中的话，而对以四言句式，用来称赞京兆人田凤的。有一位才士，却解释成:“张京兆和田郎二人都相貌堂堂。”他听了我的上述解释后，开始大为吃惊，后来明白了又对此感到羞愧难当。江南有一位权贵，读了误本《蜀都赋》的注解，书中将“蹲鸱，芋也”的“芋”字错作“羊”字；因此有人馈赠他羊肉时，他就回信说:“谢谢您赠我蹲鸱。”大家都感到非常惊讶，不知他用的是什么典故，事后探究原因才弄清是怎么回事。北魏时期，有一位博学而身居要职的大臣，他刚得到一本《史记音》，其中错误很多，将“颛项”错误地注了音,“项”字应当注为许录反，却错注为许缘反，这位大臣就对朝中同僚说:“过去人们一直把颛项误读成‘专旭’，其实应该读成‘专翾’。”这位大臣名气很大，他的意见大家当然相信并且采用。直到一年后，另一位大学者对这个词的发音苦苦研讨，才知道“专翾”读音是错的。《汉书·王莽赞》说:“紫色蛙声，余分闰位。”意思是说王莽以假乱真。过去我曾经和别人谈书籍，其中谈到王莽的长相，有一位聪明能干的人，自诩精通史学，名声身价都很高，他居然说:“王莽不但长着鹰目虎嘴，而且有着紫色的皮肤，青蛙的嗓音。”再比如《礼乐志》上说:“给太官挏马酒。”李奇的注解是:“以马乳为酒也，揰挏乃成。”二字的偏旁都从手。所谓揰挏，是说把马奶上下捣击，现在做奶酒也是用这种方法。刚才提到的那位聪明人以为李奇注解的意思是：要等种桐树的时候，太官造的马酒才熟。他的学识竟浅陋到如此地步。太山的羊肃，也算得上有学问的人，他读潘岳赋中“周文弱枝之枣”一句，把“枝”字误读作“杖策”的“杖”字；他读《世本》中“容成造历”一句，把“历”字认作“碓磨”的“磨”字。

谈说制文，援引古昔，必须眼学，勿信耳受。江南闾里间，士大夫或不学问，羞为鄙朴，道听途说，强事饰辞：呼徵质为周、郑，谓霍乱为博陆，上荆州必称陕西，下扬都言去海郡，言食则餬口，道钱则孔方[①]，问移则楚丘[②]，论婚则宴尔[③]，及王则无不仲宣[④]，语刘则无不公干[⑤]。凡有一二百件，传相祖述[⑥]，寻问莫知原由，施安时复失所[⑦]。庄生有乘时鹊起之说，故谢朓诗曰："鹊起登吴台。"吾有一亲表，作《七夕》诗云："今夜吴台鹊，亦共往填河。"《罗浮山记》云："望平地树如荠。"故戴暠诗云："长安树如荠。"又邺下有一人《咏树》诗云："遥望长安荠。"又尝见谓矜诞为夸毗[⑧]，呼高年为富有春秋[⑨]，皆耳学之过也。

【注释】

①孔方：钱的代称。

②楚丘：代指迁移。

③宴尔：欢乐的样子，代指新婚。

④仲宣：王粲，字仲宣。山阳高平人，三国时曹魏名臣，"建安七子"之一。

⑤公干：刘桢，字公干。汉魏间文学家，"建安七子"之一。

⑥祖述：效法遵循前人的行为或学说。

⑦失所：使用不当，用得不是地方。

⑧夸毗：以阿谀卑屈取媚于人。

⑨富有春秋：指年纪小。春秋，指年数。

【译文】

谈话作文，援引典故，必须是自己亲眼看到的，而不能听别人说。江南风气是，有些士大夫不肯学习请教，又羞于被视为没有文化的粗人，就用一些道听途说的东西装饰门面。比如：把徵质说成周、郑，把霍乱叫作博陆，上荆州一定要说成去陕西，下扬州说成是去海郡，把吃饭说成糊口，把钱称为孔方，提起迁徙就说成楚丘，把婚姻说成晏尔，说到姓王的人就称仲宣，谈起姓刘的人就提公干。这些滥用典故的说法不下一二百种，士大夫们相互传述，彼此影响。如果问他们这些"典故"的出处，全都一无所知；平时使用又总是失当。庄子有乘时鹊起的说法，所以谢朓的诗中就有："鹊起登吴台。"我有一位表亲，他有一首《七夕》

诗说："今夜吴台鹊，亦共往填河。"《罗浮山记》上说："望平地树如荠。"戴暠的诗就说："长安树如荠。"而邺下一个人的《咏树》诗竟说："遥望长安荠。"我还见过有人把矜诞解释为夸毗，称年老为富有春秋，这些都是轻信耳闻获取知识的错误。

夫文字者，坟籍[①]根本。世之学徒，多不晓字：读《五经》者，是徐邈而非许慎；习赋诵者，信褚诠而忽吕忱；明《史记》者，专徐、邹而废篆籀[②]；学《汉书》者，悦应、苏而略《苍》《雅》。不知书音是其枝叶，小学[③]乃其宗系。至见服虔、张揖音义则贵之，得《通俗》《广雅》而不屑。一手之中，向背如此，况异代各人乎？

【注释】

①坟籍：书籍。

②篆籀（zhuàn zhòu）：篆书。篆，指小篆。籀，指史籀大篆。

③小学：汉代为文字训诂学的专称。

【译文】

文字是书籍的根本。如今的学子，多数不重视对文字的理解：学习《五经》的人，肯定徐邈而非难许慎；学习诗赋的人，信奉褚诠而忽略吕忱；学习《史记》的人，专读徐野民、邹诞生的著作而废弃了对大小篆字的研究；学习《汉书》的人，喜爱应劭、苏林的著作而忘记了《苍颉篇》和《广雅》。他们不知道语音只是文字的枝叶，字义才是文字的根本。他们对服虔、张揖的音义著作非常看重，而对《通俗文》《广雅》之类的书籍却不屑一顾。出自同一人之手的著作，遭遇竟如此不同，更何况对不同朝代不同人的著作呢？

夫学者贵能博闻也。郡国山川，官位姓族，衣服饮食，器皿制度，皆欲根寻，得其原本；至于文字，忽不经怀[①]，己身姓名，或多乖舛[②]，纵得不误，亦未知所由。近世有人为子制名：兄弟皆山傍立字，而有名峙者，兄弟皆手傍立字，而有名机者；兄弟皆水傍立字，而有名凝者。名儒硕学，此例甚多。若有知吾钟之不调，一何可笑。

【注释】

① 忽：轻视。经怀：留心。

② 乖舛（chuǎn）：违背，不协调。

【译文】

求学的人都以博学多识为贵。他们对于郡国山川、官位姓族、衣服饮食、器皿制度，都要追根寻底，找出它们的源头来；但对于文字，却漫不经心，连自家的姓名，也往往出现谬误，即使不出差错，也不知它们的由来。近代有些人给孩子起名：兄弟几个的名都用以山作偏旁的字，其中却有叫“峙”的；兄弟几个的名都用以手作偏旁的字，其中竟有取名为“机”的，兄弟几个的名都用以水作偏旁的字，其中还有取名为“凝”的。在那些名儒鸿学之士中，这类例子有很多。后世若有人能通晓其中的道理，就会觉得这和晋平公与师旷讨论钟音是否和谐是一回事，而这又是多么可笑啊。

吾尝从齐主幸[①]并州，自井陉关入上艾县，东数十里，有猎闾村，后百官受马粮在晋阳东百余里亢仇城侧。并不识二所本是何地，博求古今，皆未能晓。及检《字林》《韵集》，乃知猎闾是旧䜩[②]余聚，亢仇旧是禐䤚[③]亭，悉属上艾。时太原王劭欲撰乡邑记注，因此二名闻之，大喜。

【注释】

① 幸：特指皇帝到某处去。

② 䜩：读音为 liè。

③ 禐䤚：读音为 mǎn qiú。

【译文】

我曾经随北齐文宣皇帝到并州去，经井陉关进入上艾县，县东几十里，有一个猎闾村。后来，百官又在晋阳以东百余里的亢仇城旁接受马匹粮草。大家都不知道上述两个地方历史上是哪里，翻阅了大量的古今书籍，都没有找到答案。直到我翻检《字林》《韵集》这两本书，才知道猎间就是原来的䣣余聚，亢仇就是原来的䅶㲹亭，两地都隶属于上艾县。当时太原的王劭想撰写地方志，我把这两个地方的名字告诉他，他非常高兴。

吾初读《庄子》"螝[①]二首"，《韩非子》曰："虫有螝者，一身两口，争食相龁[②]，遂相杀也。"茫然不识此字何音，逢人辄问，了无解者。案：《尔雅》诸书，蚕蛹名螝，又非二首两口贪害之物。后见《古今字诂》，此亦古之虺[③]字，积年凝滞，豁然雾解[④]。

【注释】

①螝（huǐ）：古同"虺"，蛇。

②龁（hé）：咬。

③虺（huǐ）：一种毒蛇。

④雾解：像雾一样消散。

【译文】

我当初读《庄子》，看到"螝有两个头"这句话，《韩非子》中也说："有一种名叫螝的虫，一个身子有两张嘴，常常为了争夺食物而相互撕咬，以致互相残杀。"我一直不知道这个"螝"字读何音，逢人就问，却没有一个人知道。据考证：《尔雅》等书上说，蚕蛹名叫螝，但蚕蛹并没有两个头两张嘴，也不是贪婪凶残的动物。后来我又看了《古今字诂》，才知道这个"螝"就是古代的"虺"字，多年来堵在心中的疑问，一下子便解开了。

尝游赵州，见柏人城北有一小水，土人亦不知名。后读城西门徐整碑云："洦流东指。"众皆不识。吾案《说文》，此字古魄字也，洦，浅水貌。此水汉来本无名矣，直以浅貌目之，或当即以洦为名乎？

【译文】

我曾经游历赵州，看到柏人城北处有一条小河，当地人不知道河叫什么名字。后来我读到城西门徐整碑的碑文，碑文里说："洦流东指。"大家都不知"洦"是什么意思。我查阅了《说文解字》，原来这个字就是古代的"魄"字。洦，指水浅的样子。这条河自汉朝以来就没有名字，只知道它是一条清浅的小河，或许就有人以"洦"给它命名了吧？

世中书翰，多称勿勿，相承如此，不知所由，或有妄言此忽忽之残缺耳。案：《说文》："勿者，州里所建之旗也，象其柄及三斿[①]之形，所以趣[②]民事。故悤遽[③]者称为勿勿。"

【注释】

① 斿（liú）：通"旒"，古代旌旗的下垂饰物。

② 趣：通"促"，催促，督促。

③ 悤遽（cōng jù）：匆促，仓促。

【译文】

世人的书信中多有"勿勿"这个词语，历来相承都这样使用，但不知道它的来由，有人猜测说这是"忽忽"的残缺字。依《说文解字》上说："勿，是州里所树立的旗帜，这个字像旗杆和旗帜下端三条飘带的形状，是用来催促农民抓紧农事的。所以才把急迫称为'勿勿'"。

吾在益州，与数人同坐。初晴日晃，见地上小光，问左右："此是何物？"有一蜀竖[①]就视，答云："是豆逼耳。"相顾愕然，不知所谓。命取将来，乃小豆也。穷访蜀土，呼粒为逼，时莫之解。吾云："《三苍》《说文》，此字白下为匕，皆训粒，《通俗文》音方力反。"众皆欢悟。

【注释】

① 竖：僮仆。

【译文】

我在益州的时候，曾和几个人同坐闲聊。当时天刚刚放晴，阳光灿烂，我看到地上有个发光的小东西，就问身边的人："这是什么？"有个蜀州的僮仆走上前看了看，回答说："是豆逼。"大家都很惊愕，不知他说的是什么意思。我让他取过来看，原来是颗小豆。后来我问很多蜀地之人，为什么他们都把"粒"称作"逼"，所有人都无法解释其中原因。我说："在《三苍》《说文解字》等书中，这个字就是'白'下面加'匕'字，都解释为'粒'。《通俗文》里给它的注音是方力反。"大家领悟后都十分高兴。

愍楚友婿[①]窦如同从河州来，得一青鸟，驯养爱玩，举俗呼之为鹖。吾曰："鹖出上党，数曾见之，色并黄黑，无驳杂也。故陈思王《鹖赋》云：'扬玄黄之劲羽。'"试检《说文》："鸠雀似鹖而青，出羌中。"《韵集》音介。此疑顿释。

【注释】

① 友婿：即连襟，同门女婿相互之间的称呼。

【译文】

愍楚的连襟窦如同从河州归来，带回一只青色的鸟，驯养赏玩，人们都称它为"鹖"。我说："鹖鸟产自上党，我曾见过多次，它的羽毛是黄黑两色，没有其他杂色。所以曹植的《鹖赋》说：'鹖张开黑黄色的有力的翅膀。'"我试着查阅《说文解字》，书上说："鸠雀和鹖形似，但羽毛是青色的，产于羌地。"《韵集》里认为这个字应读为"介"。心中的疑惑到此就解决了。

梁世有蔡朗者讳纯，既不涉学，遂呼莼为露葵。面墙之徒[①]，递相仿效。承圣中，遣一士大夫聘齐，齐主客郎李恕问梁使曰："江南有露葵否？"答曰："露葵是莼，水乡所出。卿今食者绿葵菜耳。"李亦学问，但不测彼之深浅，乍闻无以覈究[②]。

【注释】

① 面墙之徒：如面壁而立，一无所见。比喻蒙昧无知之人。

② 覈（hé）究：查验，核实。

【译文】

梁朝有个叫蔡朗的人避讳“纯”字，他本来就没有什么学问，于是就把莼菜叫作露葵。那些不学无术的人，就一个跟着一个地效仿。承圣年间，梁朝派遣一位官员出使北齐，北齐的主客郎李恕问这位梁朝的使臣说：“江南有露葵么？”使者回答说：“露葵就是莼菜，产于水乡。您现在吃的是绿葵菜。”李恕也是极有学问的人，但是不清楚对方学问的深浅，猛一听到这个说法也无法考究核实。

思鲁等姨夫彭城刘灵，尝与吾坐，诸子侍焉。吾问儒行、敏行曰：“凡字与谘议[①]名同音者，其数多少，能尽识乎？”答曰：“未之究也，请导示之。”吾曰：“凡如此例，不预研检，忽见不识，误以问人，反为无赖所欺，不容易也。”因为说之，得五十许字。诸刘叹曰：“不意乃尔！”若遂不知，亦为异事。

【注释】

① 谘议：刘灵的官号。

【译文】

思鲁等人的姨夫刘灵是彭城人，曾经与我一起闲坐，他的几个儿子在一旁陪着。我问儒行、敏行：“与你父亲的名字读音相同的字一共有多少？你们都能认得么？”他们回答说：“我们不曾注意过这个问题，还请您指教。”我说：“像这一类的字，如果平时不提前翻检研究，突然遇到又不认识，请教错了别人，反而会被小人欺骗，不能轻视啊。”于是我就为他们解说这个问题，列举了大约五十个字。刘灵的儿子们感叹说：“没想到有这么多啊！”要是他们一直都不知道，那也是一件怪事了。

校定书籍，亦何容易，自扬雄、刘向，方称此职耳。观天下书未遍，不得妄下雌黄[①]。或彼以为非，此以为是；或本同末异；或两文皆欠[②]，不可偏信一隅也。

【注释】

①雌黄：古人以黄纸写字，有误，则以雌黄涂之。此指错误的改动。

②欠：不足。

【译文】

校定书籍，也是很不容易的事，只有当年的扬雄、刘向才算得上是称职的。如果没有博览天下典籍，就不可以妄下定论修改书中的文字。有的那个本子以为错，这个本子却认为对；有时两个版本大同小异，有时两个版本都有缺点，所以不能偏信一家之言。

文章第九

夫文章者，原出《五经》：诏命策檄，生于《书》者也；序述论议，生于《易》者也；歌咏赋颂，生于《诗》者也；祭祀哀诔[①]，生于《礼》者也；书奏箴[②]铭，生于《春秋》者也。朝廷宪章，军旅誓诰[③]，敷显仁义，发明功德，牧民建国，施用多途。至于陶冶性灵，从容讽谏，入其滋味，亦乐事也。行有余力，则可习之。然而自古文人，多陷轻薄：屈原露才扬己，显暴君过；宋玉体貌容冶，见遇俳优[④]；东方曼倩，滑稽不雅；司马长卿，窃赀无操；王褒过章《僮约》；扬雄德败《美新》；李陵降辱夷虏；刘歆反复莽世；傅毅党附权门；班固盗窃父史；赵元叔抗竦过度；冯敬通浮华摈压；马季长佞媚获诮；蔡伯喈同恶受诛；吴质诋忤乡里；曹植悖慢犯法；杜笃乞假无厌；路粹隘狭已甚；陈琳实号粗疏；繁钦性无检格；刘桢屈强输作；王粲率躁见嫌；孔融、祢衡，诞傲致殒；杨修、丁廙，扇动取毙；阮籍无礼败俗；嵇康凌物凶终；傅玄忿斗免官；孙楚矜夸凌上；陆机犯顺履险；潘岳干没取危；颜延年负气摧黜；谢灵运空疏乱纪；王元长凶贼自诒；谢玄晖侮慢见及。凡此诸人，皆其翘秀者，不能悉纪，大较如此。至于帝王，亦或未免。自昔天子而有才华者，唯汉武、魏太祖、文帝、明帝、宋孝武帝，皆负世议，非懿德[⑤]之君也。自子游、子夏、荀况、孟轲、枚乘、贾谊、苏武、张衡、左思之俦，有盛名而免过患者，时复闻之，但其损败居多耳。每尝思之，原其所积，文章之体，标举兴会，发引性灵，使人矜伐，故忽于持操，果于进取。今世文士，此患弥切，一事惬当，一句清巧，神厉九霄，志凌千载，自吟自赏，不觉更有傍人。加以砂砾所伤，惨于矛戟，讽刺之祸，速乎风尘，深宜防虑，以保元吉。

【注释】

① 诔（lěi）：哀悼死者的文章。

②箴（zhēn）：以规诫为主题的文体。

③诰（gào）：用于告诫或勉励的文体。

④俳（pái）优：古代以歌舞作谐戏的艺人。

⑤懿（yì）德：美德。

【译文】

文章本源于《五经》：诏、命、策、檄，源出《尚书》；序、述、论、议，源出《易》；歌、咏、赋、颂，源出《诗经》；祭、祀、哀、诔，源出《礼记》；书、奏、箴、铭，源出《春秋》。朝廷的典章，军中的誓、诰，传播彰显仁义，颂扬功德，治理百姓，建设国家，文章有很多功用。至于陶冶性情，或抒写胸臆，或委婉规劝，品味含义都是一件乐事。若平时做事有余力，则可以学习写作。然而自古以来文人大多失于轻薄：屈原显露自己的才华赞扬自己，公开暴露君主的过失；宋玉形貌冶艳，被人视作俳优；东方朔言行过于滑稽，不够儒雅；司马相如窃人钱财，毫无操守；王褒的过失显露于《僮约》；扬雄的品德败坏于《美新》；李陵投降匈奴，辱没尊严；刘歆投靠王莽叛乱；傅毅依附权贵；班固剽窃父亲写的史书；赵壹为人刚强倨傲特出；冯衍轻浮，遭到排挤；马融谄媚权贵被人嘲讽；蔡邕结交恶人遭到惩罚；吴质仗势横行而触怒乡里；曹植违逆傲慢而触犯法纪；杜笃向人借贷而不知满足；路粹心胸太过狭隘；陈琳太过粗略疏忽；繁钦生性不知检点；刘桢性情过分倔强；王粲轻率急躁被人嫌弃；孔融、祢衡狂放傲慢，因此招致杀身之祸；杨修、丁廙煽动生事，自取灭亡；阮籍因不守礼法败坏风俗；嵇康因盛气凌人而不得善终；傅玄因负气争吵而免官；孙楚自高自大而得罪上司；陆机因作乱而冒险；潘岳因侥幸取利而自致危机；颜延年因意气用事而被贬职；谢灵运因空疏而违背法纪；王元长因为叛逆作乱而自取灭亡；谢朓因侮慢别人而遇害。以上这些人物，都是文人中出类拔萃者，其他不再全数列举，大体就是如此。至于帝王，有些也未能幸免这类毛病。自古以来做皇帝并有才华的，也只有汉武帝、魏太祖、文帝、明帝、宋孝武帝，但他们都遭到了世人的非议，不算是道德完美的君王。像子游、子夏、荀况、孟轲、枚乘、贾谊、苏武、张衡、左思等一流人物，享有盛名而能避免过失祸患的，也时常能听到，只是多数经历艰辛磨难。每当想到这些，推究其中的原因，文章的本质在于表达兴致感受，抒发情感，这就容易使人恃才傲物，忽视操守，一味追求名利。今天文士身上，这种毛病更加明显，一个典故用得好，一个句子写得清新巧妙，就神采飞扬上达九霄，意气风发下凌千年，自己吟咏自我欣赏，旁若无人。再加上流言给人带来的伤害，会比矛戟造成的伤害更残酷；讽刺别人而招祸，会比风沙来得更快。应该严加防范，确保安全。

学问有利钝，文章有巧拙。钝学累功，不妨精熟；拙文研思，终归蚩鄙。但成学士，自足为人。必乏天才，勿强操笔。吾见世人，至无才思，自谓清华，流布丑拙，亦以众矣，江南号为诊痴符[①]。近在并州，有一士族，好为可笑诗赋，誂擎[②]邢、魏诸公，众共嘲弄，虚相赞说，便击牛酾酒[③]，招延声誉。其妻，明鉴妇人也，泣而谏之。此人叹曰："才华不为妻子所容，何况行路！"至死不觉。自见之谓明，此诚难也。

【注释】

① 诊（líng）痴符：指没有才学却又喜欢夸耀的人。诊，叫卖。

② 誂擎（tiǎo piē）：戏言嘲弄。

③ 酾（shī）酒：斟酒。

【译文】

做学问有敏捷和迟钝之分，写文章也有精巧和拙劣的不同。做学问迟钝的人只要坚持努力也可以达到熟练；写文章拙劣的人再钻研思考，终究难免拙劣。其实只要成为有学之士，就足以立身处世。要是真的没有天赋，就不要勉强自己执笔写文章。我见到当今有些人，明明才思极度缺乏，却还自以为文章清新华美，让丑陋拙劣的文章到处流传，这样的人实在不在少数，这种人在江南被称为"诊痴符"。不久前在并州，有个士大夫，喜欢写可笑的诗赋，还嘲弄邢邵、魏收等人，引得大家联合起来嘲弄他，假意称赞他的诗赋，他还真就信以为真，杀牛设酒准备宴请人家以扩大自己的声誉。他的妻子是个有高明见识的人，哭着劝他别这样做。他却叹着气说："我的才华连我的妻子都不承认，何况别人呢！"他到死也没有觉悟。自己能了解自己才叫明，这确实是不容易做到的啊。

学为文章，先谋亲友，得其评裁，知可施行，然后出手；慎勿师心自任，取笑旁人也。自古执笔为文者，何可胜言。然至于宏丽精华，不过数十篇耳。但使不失体裁，辞意可观，便称才士；要须动俗盖世，亦俟[①]河之清乎！

【注释】

①俟：等待，等到。

【译文】

学习写文章，先要向亲友征求意见，得到他们的评点鉴别，知道怎样写了，然后再下笔；千万不能固执己见，以致为旁人所取笑。自古以来执笔写文章的，数不胜数，但真正能称上宏丽精美的文章，不过几十篇罢了。只要文章不违背体裁规范，辞意值得欣赏，就可以称为有才的文人了；但要自己的文章当真惊世骇俗压倒当世，就会像黄河变清那样不容易做到了。

不屈二姓，夷、齐之节也；何事非君，伊、箕之义也。自春秋已来，家有奔亡，国有吞灭，君臣固无常分矣；然而君子之交绝无恶声，一旦屈膝而事人，岂以存亡而改虑？陈孔璋[①]居袁裁书，则呼操为豺狼；在魏制檄，则目绍为蛇虺。在时君所命，不得自专，然亦文人之巨患也，当务从容消息之。

【注释】

①陈孔璋：陈琳，字孔璋，先从袁绍，后降曹操。

【译文】

不屈身于两个朝代，这是伯夷、叔齐的气节；任何君王都可侍奉，这是伊尹、箕子的道义。自春秋以来，世家有奔窜流亡的时候，国家有被吞灭亡的时候，君臣之间也没有什么永远不变的名分了；君子即使交情断绝也不会口出恶言，然而一旦屈膝侍奉别的君主，又怎能因故主的存亡而改变自己的原则呢？陈琳在袁绍幕下时称曹操为豺狼；在魏国做官时，又在檄文中骂袁绍为毒蛇。当然他必须听从君主的命令，自己不能做主，但这也是文人的大毛病，不能不冷静地斟酌一番。

或问扬雄曰："吾子少而好赋？"雄曰："然。童子雕虫篆刻，壮夫不为也。"余窃非之曰：虞舜歌《南风》之诗，周公作《鸱鸮》之咏，吉甫、史克《雅》《颂》之美者，未闻皆在幼年累德也。孔子曰："不学诗，无以言。""自卫返鲁，乐正，雅、颂各得其所。"大明孝道，引《诗》证之。扬雄安敢忽之也？若论"诗人之赋丽以则，辞人之赋丽以淫"，但知变之而已，又未知雄自为壮夫何如也？著《剧秦美新》，妄投于阁，周章怖慑，不达天命，童子之为耳。桓谭以胜老子，葛洪以方仲尼，使人叹息。此人直以晓算术，解阴阳，故著《太玄经》，数子为所惑耳；其遗言余行，孙卿、屈原之不及，安敢望大圣之清尘？且《太玄》今竟何用乎？不啻覆酱瓿而已①。

【注释】

①不啻（chì）：无异于。瓿（bù）：小瓮。

【译文】

有人问扬雄说："您年幼时就喜欢写诗赋吗？"扬雄说："是的，不过那是儿童时期的雕虫小技，成年后就不干这种事了。"我在私下反驳他：虞舜吟唱的《南风》一诗，周公创作的《鸱鸮》一诗，吉甫、史克保存在《雅》《颂》中的美好诗篇，都不是写于幼年，也没有听说影响了他们的德行。孔子说："不学诗三百，就不会说话。"又说："我从卫国返回鲁国后，整理订正了诗中的乐曲，才使《雅》《颂》各自有了自己的位置。"孔子赞美彰明孝道，也引用诗中的句子来证明。扬雄怎么能忽略这些事实呢？如果要说，"诗人写的赋虽然华丽但能把握原则和分寸，辞人写的赋追求华丽但过分而不知节制”，这只是说明了赋的古今变化和区别而已，却不知道他成年后又做得怎么样呢？他写了《剧秦美新》一文歌颂王莽新朝，却为避祸而糊里糊涂地从天禄阁上跳下，惊慌失措，未能通达天命，这才是孩童的所作所为啊！桓谭认为扬雄的成就超过了老子，葛洪认为扬雄与孔子不相上下，这种见识实在让人叹息。扬雄这个人只不过因为懂得推算历象的方法，了解阴阳的变化，因而写出了《太玄经》，桓谭、葛洪等好几个人都被他迷惑住了。实际上他所留下来的有关言行，连荀子、屈原都赶不上，哪里还敢望老子、孔子这些大圣人的项背呢？况且《太玄经》一书在今天来说究竟有什么用处呢？不过用来作为酱缸的盖子罢了。

齐世有席毗者，清干之士，官至行台尚书，嗤鄙文学，嘲刘逖云：“君辈辞藻，譬若荣华，须臾之玩，非宏才也；岂比吾徒千丈松树，常有风霜，不可凋悴[①]矣！”刘应之曰：“既有寒木，又发春华，何如也？”席笑曰：“可哉！”

【注释】

①凋悴：枯败凋落。

【译文】

北齐有个叫席毗的人，为人清明干练，官至行台尚书。他鄙视文学，曾经嘲笑刘逖说：“你们这些文人的辞藻文章，就好像是开放的花朵一般，只能供人赏玩片刻，算不得栋梁之才；怎能比得上我们这些人呢，犹如千丈高的松树一样，常历风霜侵袭，却不会枯败凋落。”刘逖回答说：“若既是耐寒之树，又能在春天开出花朵，怎么样呢？”席毗笑着说：“那当然好！”

凡为文章，犹人乘骐骥[①]，虽有逸气，当以衔勒制之，勿使流乱轨躅[②]，放意填坑岸也。

【注释】

①骐骥（jì）：良马。

② 轨躅（zhuó）：本指车辙，引申为法度规范。

【译文】

写文章好比骑千里马，虽然马很骏逸奔放，也还是得用马勒和辔头来控制它，不要让它越规乱跑，纵意而行以致掉进那坑岸之下。

文章当以理致为心肾，气调为筋骨，事义为皮肤，华丽为冠冕。今世相承，趋末弃本，率多浮艳。辞与理竞，辞胜而理伏；事与才争，事繁而才损。放逸者流宕[①]而忘归，穿凿者补缀而不足。时俗如此，安能独违？但务去泰去甚耳。必有盛才重誉，改革体裁者，实吾所希。

【注释】

① 流宕（dàng）：流浪漂泊。

【译文】

文章要以义理情致为心肾，气韵格调为筋骨，用典契义为皮肤，华美辞藻为服饰。当今人学习前人的文章，都是趋末弃本，轻浮华艳，辞藻和义理相争，文辞虽然优美但事理却被削弱；用典和才思相争，用典繁琐而才思受损。奔放飘逸的，行文虽然轻快但常常远离主题；东拼西凑勉强成篇但却文采不足。习俗风气都是这样，人们怎能独自立异？但求不要做得太极端就好。如果有位才华横溢、声名远播的人，来改革这种文章体制，实在是我所盼望的。

古人之文，宏材逸气，体度风格，去今实远；但缉缀[①]疏朴，未为密致耳。今世音律谐靡，章句偶对，讳避精详，贤于往昔多矣。宜以古之制裁为本，今之辞调为末，并须两存，不可偏弃也。

【注释】

① 缉缀：指文章的撰写连缀。

【译文】

古人的文章，才华横溢，潇洒飘逸，其体式风格和现今的文章天差地别；只是古人在遣词造句、修饰加工等方面，还很粗疏质朴，不够周密细致。当下的文章，音律和谐华美，辞句工整对称，避讳精细详密，这些方面比前人高超多了。做文章应该以古文的体式为根本，以今人的文辞音调为枝叶，这两方面必须同时兼有，不可以偏废任何一方。

吾家世文章，甚为典正，不从流俗；梁孝元在蕃邸时，撰《西府新文》，讫无一篇见录者，亦以不偶于世，无郑、卫之音故也。有诗赋铭诔书表启疏二十卷，吾兄弟始在草土[①]，并未得编次，便遭火荡尽，竟不传于世。衔酷[②]茹恨，彻于心髓！操行见于《梁史·文士传》及孝元《怀旧志》。

【注释】

① 草土：居丧。

② 酷：惨痛，痛恨。

【译文】

我家先祖的文章，非常典雅纯正，不迎合社会流行的习俗。梁孝元帝为湘东王时，曾经组织编撰过一部《西府新文》，我家的文章竟然一篇也没有被收录，就是因为没有迎合世俗情趣，没有浮艳靡丽的郑卫之音的缘故。先祖留下的诗、赋、铭、诔、书、表、启、疏等各体文章共二十卷，当时我们兄弟正在守丧，没有按一定次序编排，就遭遇火灾全部烧毁，竟然不能流传于世。对此我憾恨无穷，刻骨铭心！至于先祖的节操品行，见于《梁史·文士传》以及梁孝元帝的《怀旧志》。

沈隐侯[①]曰："文章当从三易：易见事[②]，一也；易识字，二也；易读诵，三也。"邢子才常曰："沈侯文章，用事不使人觉，若胸臆语也。"深以此服之。祖孝徵亦尝谓吾曰："沈诗云：'崖倾护石髓。'此岂似用事邪？"

【注释】

① 沈隐侯：沈约，谥"隐侯"。

② 事：典故。

【译文】

沈约说："写文章应当做到三易：用典容易被人理解，这是一；文字容易辨识，这是二；容易诵读，这是三。"邢子才经常说："沈约的文章，运用典故让人察觉不到，好像完全发自他的内心。"我因此对他非常佩服。祖孝徵也曾经对我说过："沈约的诗'崖倾护石髓'，这哪里像用了典故？"

邢子才、魏收俱有重名，时俗准的[①]，以为师匠。邢赏服[②]沈约而轻任昉，魏爱慕任昉而毁沈约，每于谈宴，辞色以之。邺下纷纭，各有朋党。祖孝徵尝谓吾曰："任、沈之是非，乃邢、魏之优劣也。"

【注释】

① 准的：标准。

② 赏服：欣赏服膺。

【译文】

邢子才、魏收两个人名望都很高，成为评说时俗的标准，被推为宗师巨匠。邢子才欣赏佩服沈约却瞧不起任昉，魏收却喜爱任昉而诋毁沈约，每当二人聚谈饮宴时，往往争得面红耳赤。当时住在邺城的文人很多，二人各有各的朋党。祖孝徵曾对我说："任昉、沈约的长处与短处，反映出邢子才、魏收的高与下啊。"

《吴均集》有《破镜赋》。昔者，邑号朝歌，颜渊不舍；里名胜母，曾子敛襟：盖忌夫恶名之伤实也。破镜[①]乃凶逆之兽，事见《汉书》，为文幸避此名也。比世往往见有和人诗者，题云敬同，《孝经》云："资于事父以事君而敬同。"不可轻言也。梁世费旭诗云："不知是耶非。"殷沄诗云："飖飏云母舟。"简文曰："旭既不识其父，沄又飖飏其母。"此虽悉古事，不可用也。世人或有文章引《诗》“伐鼓渊渊”者，《宋书》已有屡游之诮；如此流比，幸须避之。北面事亲，别舅摛②《渭阳》之咏；堂上养老，送兄赋桓山之悲，皆大失也。举此一隅，触涂宜慎。

【注释】

① 破镜：一种恶兽，也称獍。

② 摛（chī）：传布，舒展。

【译文】

《吴均集》中有《破镜赋》一文。从前，有个城邑名叫朝歌，主张非乐的颜渊因此不在那里居住；有一处乡里名叫胜母，以孝著称的曾子路过时就敛起衣襟以示恭敬。这大约是忌讳不好的名字有伤事物的本质。破镜是一种凶恶的动物，这在《汉书》里有记载，写文章时一定要避开这一类名称。近来看见有应和别人诗作的人在和诗的题目中写着“敬同”两个字，《孝经》里说：“用侍奉父亲的态度来侍奉国君称作敬同。”因此这两个字是不可以随便乱用的。梁朝费旭的诗中说：“不知是耶非。”殷沄的诗中说：“飖飏云母舟。”简文帝讥讽说：“费旭既不认识自己的父亲，殷沄又使他的母亲四处飘泊。”这些虽然都是古时的事，但也不可信手乱用。有人在文章中引用了《诗经》里的“伐鼓渊渊”，《宋书》已经讥讽他不懂反语；诸如此类的事，最好要避开为妙。母亲健在，送别舅舅时却高咏《渭阳》这首诗；双亲健在，送别兄长时却以“桓山之鸟”来表达自己的悲伤，这些都是严重的错误。这里只举几个小小的例子，提醒你们写文章时要多加注意。

江南文制，欲人弹射①，知有病累，随即改之，陈王②得之于丁廙也。山东风俗，不通击难。吾初入邺，遂尝以此忤人，至今为悔；汝曹必无轻议也。

【注释】

① 弹射：指对文章进行批评。

② 陈王：陈思王曹植。

【译文】

江南一带的人写了文章之后，希望得到别人的批评指正，知道哪有毛病，就立即修改，陈思王曹植就是从丁廙那里学到了这种习惯。山东地区的风俗是不喜欢别人对自己的文章提出批评。我刚到邺城的时候，就曾经因此得罪了人，到现在仍为这件事后悔；你们一定注意，不要轻率地议论别人的文章。

凡代人为文，皆作彼语，理宜然矣。至于哀伤凶祸之辞，不可辄代。蔡邕为胡金盈作《母灵表颂》曰："悲母氏之不永，然委我而夙丧。"又为胡颢作其父铭曰："葬我考议郎君。"《袁三公颂》曰："猗欤[①]我祖，出自有妫。"王粲为潘文则《思亲诗》云："躬此劳悴，鞠予小人；庶我显妣，克保遐年。"而并载乎邕、粲之集，此例甚众。古人之所行，今世以为讳。陈思王《武帝诔》，遂深永蛰之思；潘岳《悼亡赋》，乃怆手泽之遗。是方父于虫，匹妇于考也。蔡邕《杨秉碑》云："统大麓之重。"潘尼《赠卢景宣》诗云："九五思飞龙。"孙楚《王骠骑诔》云："奄忽登遐[②]。"陆机《父诔》云："亿兆[③]宅心，敦叙百揆[④]。"《姊诔》云："伣[⑤]天之和。"今为此言，则朝廷之罪人也。王粲《赠杨德祖诗》云："我君饯之，其乐泄泄[⑥]。"不可妄施人子，况储君乎？

【注释】

① 猗（yī）欤（yú）：叹词。

② 奄忽：比喻死亡。登遐：对帝王死的讳称。

③ 亿兆：极言众多。

④ 百揆（kuí）：百官事务。

⑤ 伣（qiàn）：譬喻。

⑥ 泄泄（yì）：舒畅快乐的样子。

【译文】

凡是代替他人写文章，都要用他的口吻，从道理上说这是应该的。但是表达哀伤凶祸内容的文章则不可以随便替别人代笔。蔡邕为胡金盈作《母灵表颂》说："悲伤母亲享年不长，就这样抛下我而远行。"又为胡颢作父诔，诔文中说："埋葬我的亡父议郎君。"还有《袁三公颂》说："我的先祖，出自有妫这一姓氏。"王粲替潘文则写的《思亲诗》中说："历尽千辛万苦，抚育我长大；希望我的亡母保佑我长寿。"而这些文章都收在了蔡邕和王粲的文集里，这样的例子非常多。古人这些通行的做法，现在看来就是犯了忌讳。陈思王曹植在《武帝诔》中以"永蛰"表示对父亲的深切思念，潘岳的《悼亡赋》中以"手泽"指亡妻留下的物品，并抒发看到妻子遗物产生的追悼之情。前者是将父亲比作虫子，后者则是将亡妻等同于亡父了。蔡邕的《杨秉碑》说："统大麓之重。"潘尼的《赠卢景宣》诗说："九五思飞龙。"孙楚在《王骠骑诔》中说："奄忽登遐。"陆机的《父诔》中写道："亿兆宅心，敦叙百揆。"《姊诔》又说："伣天之和。"如果今天再写这样的话，那就是朝廷的罪人了。王粲在《赠杨德祖诗》中说："我君为他送行，心情真是欢畅。""其乐泄泄"是郑庄公和母亲重归于好时说过的话，这种话是不可以随便用在一般人身上的，何况还是太子呢？

挽歌辞者，或云古者《虞殡》① 之歌，或云出自田横之客，皆为生者悼往告哀之意。陆平原② 多为死人自叹之言，诗格既无此例，又乖制作本意。

【注释】

①《虞殡》：古代挽歌名。

② 陆平原：陆机，曾为平原内史。

【译文】

挽歌的歌辞，有人说出自古代的《虞殡》之歌，有人说出自田横的门客，都是生者哀悼死者表达悲伤之意的歌。陆机写的挽歌大多是死者自己的叹息，诗的体例中既没有这样的例子，又违背了创作的本意。

凡诗人之作，刺箴美颂，各有源流，未尝混杂，善恶同篇也。陆机为《齐讴篇》，前叙山川物产风教之盛，后章忽鄙山川之情，殊失厥体。其为《吴趋行》，何不陈子光、夫差乎？《京洛行》，胡不述赧王、灵帝乎？

【译文】

诗人之作，不管是讽刺规劝、赞美歌颂，都各有源流，从未混杂在一起，也从未出现善恶同篇的先例。陆机作《齐讴篇》，前半部分描写山川的秀美和物产的丰盛，以及当地民风的纯朴，后半部分忽然又表现出鄙视山川的情绪，太悖离文章的体例，既如此，那他写《吴趋行》为什么不提吴王阖闾和夫差呢？写《京洛行》，为什么不提周赧王和汉灵帝呢？

自古宏才博学，用事误者有矣；百家杂说，或有不同，书傥湮灭，后人不见，故未敢轻议之。今指知决纰缪者，略举一两端以为诫。《诗》云："有鷕[①]雉鸣。"又曰："雉鸣求其牡。"《毛传》亦曰："鷕，雌雉声。"又云："雉之朝雊，尚求其雌。"郑玄注《月令》亦云："雊，雄雉鸣。"潘岳赋曰："雉鷕鷕以朝雊。"是则混杂其雄雌矣。《诗》云："孔怀兄弟。"孔，甚也；怀，思也，言甚可思也。陆机《与长沙顾母书》，述从祖弟士璜死，乃言："痛心拔脑，有如孔怀。"心既痛矣，即为甚思，何故方言有如也？观其此意，当谓亲兄弟为孔怀。《诗》云："父母孔迩[②]。"而呼二亲为孔迩，于义通乎？《异物志》云："拥剑状如蟹，但一螯偏大尔。"何逊诗云："跃鱼如拥剑。"是不分鱼蟹也。《汉书》："御史府中列柏树，常有野鸟数千，栖宿其上，晨去暮来，号朝夕鸟。"而文士往往误作乌鸢用之。《抱朴子》说项曼都诈称得仙，自云："仙人以流霞一杯与我饮之，辄不饥渴。"而简文诗云："霞流抱朴碗。"亦犹郭象以惠施之辨为庄周言也。《后汉书》："囚司徒崔烈以锒铛锁。"锒铛，大锁也；世间多误作金银字。武烈太子亦是数千卷学士，尝作诗云："银锁三公脚，刀撞仆射头。"为俗所误。

【注释】

①鷕（yǎo）：雌雉的鸣叫声。

②迩（ěr）：近。

【译文】

自古以来，那些博学多才的人，在作诗用典时也会出现差错，诸子百家杂说纷纭，有时候对同一事物会有不同的意见，他们的书籍一旦湮没，后人就再也看不到，所以我不敢对此随便评论。现在我说说那些属于绝对错误的事，略举几个例子给你们引以为鉴。《诗经》里说："有鷕雉鸣。"又说："雉鸣求其牡。"《毛传》也说："鷕，是雌雉的鸣叫声。"《诗经》又说："雉之朝雊，尚求其雌。"郑玄注的《礼记·月令》也说："雊，是雄雉的鸣叫声。"而潘岳的赋里说："雉鷕鷕以朝雊。"这就混淆了雌雄的区别了。《诗经》里说："孔怀兄弟。"孔，是很的意思；怀，是思念的意思。孔怀的意思是十分想念。陆机的《与长沙顾母书》叙述他的从祖弟陆士璜之死时却说："痛心拔脑，有如孔怀。"内心既然很悲痛，那自然就是很思念，为什么还要说"有如"呢？看这句话的意思，大概是把"孔怀"理解成亲兄弟了。《诗经》说："父母孔迩。"按照陆机的理解，要称父母为"孔迩"，这在道理上能说得通么？《异物志》上说拥剑的状貌好像蟹一样，只是有一只螯偏大罢了。"何逊的诗里说："跃鱼如拥剑。"这就是鱼、蟹不分了。《汉书》中说："御史府中种着成列的柏树，经常有数千只野鸟栖息在树上，这些鸟早晨离去黄昏时归来，被称为朝夕鸟。"而文人们在引用的时候往往把它们误写作"乌鸢"。《抱朴子》里记载项曼都伪称自己遇上仙人时说："仙人让我喝下一杯流霞，我就不觉得饥渴了。"而简文帝却在诗里说："霞流抱朴碗。"这就好像是郭象把惠施的言辞当作庄周的话一样了。《后汉书》中说："囚司徒崔烈以锒铛锁。"锒铛，就是大的铁链锁，世人多把"锒"误作金银的"银"字。武烈太子也是读过数千卷书的学士，他曾经作诗说："银锁三公脚，刀撞仆射头。"这是被世俗所误的写法。

文章地理，必须惬当。梁简文《雁门太守行》乃云：“鹅军攻日逐[①]，燕骑荡康居，大宛归善马，小月送降书。”萧子晖《陇头水》云：“天寒陇水急，散漫俱分泻，北注徂黄龙，东流会白马。”此亦明珠之颣[②]，美玉之瑕，宜慎之。

【注释】

①鹅军：古代的阵名。日逐：地名。

②颣（lèi）：缺点，毛病。

【译文】

文章中凡是涉及地理内容，一定要恰当准确。梁简文帝的《雁门太守行》说：“鹅军攻日逐，燕骑荡康居，大宛归善马，小月送降书。”萧子晖在《陇头水》中说：“天寒陇水急，散漫俱分泻，北注徂黄龙，东流会白马。”这些都是明珠上的斑点，美玉上的瑕疵，应该谨慎。

王籍《入若耶溪》诗云：“蝉噪林逾静，鸟鸣山更幽。”江南以为文外断绝，物无异议。简文吟咏，不能忘之，孝元讽味，以为不可复得，至《怀旧志》载于《籍传》。范阳卢询祖，邺下才俊，乃言：“此不成语，何事于能？”魏收亦然其论。《诗》云：“萧萧马鸣，悠悠旆旌[①]。”《毛传》曰：“言不諠哗也。”吾每叹此解有情致，籍诗生于此耳。

【注释】

①旆（pèi）：古代旗帜的统称。旌（jīng）：用牦牛尾和彩色鸟羽做杆饰的旗。

【译文】

王籍的《入若耶溪》诗说：“蝉噪林逾静，鸟鸣山更幽。”江南文人认为这两句是无与伦比的诗句，没有人对此有不同看法。梁简文帝吟诵之后便不能忘记它，梁孝元帝诵读玩味之后也认为再没有人能写出这样的诗句，以致在写《怀旧志》时把它记载在《王籍传》中。范阳人卢询祖，是邺城中才华卓越之士，却说：“这简直不成句子，哪里是有才华的样子？”魏收也同意他的看法。

《诗经》说："萧萧马鸣，悠悠旆旌。"《毛诗传》说："意思是军队安静而不喧哗。"我时常赞叹这个解释有情致，王籍的诗句就是由此产生的。

兰陵萧悫，梁室上黄侯之子，工于篇什。尝有《秋诗》云："芙蓉露下落，杨柳月中疏。"时人未之赏也。吾爱其萧散，宛然在目。颍川荀仲举、琅邪诸葛汉，亦以为尔。而卢思道之徒，雅所不惬[①]。

【注释】

① 雅：向来。惬：满意。

【译文】

兰陵人萧悫，是梁朝上黄侯的儿子，擅长写诗。他曾有一首《秋诗》说："芙蓉露下落，杨柳月中疏。"当时的人都不欣赏这两句。我则喜爱这两句诗的空远闲散，仿佛就在眼前。颍川人荀仲举、琅邪人诸葛汉，也认为是这样的。而卢思道那些人，则向来对这两句诗不满意。

何逊诗实为清巧，多形似之言；扬都论者，恨其每病苦辛，饶贫寒气，不及刘孝绰之雍容也。虽然，刘甚忌之，平生诵何诗，常云："'蘧居响北阙'，愐愐不道车。"又撰《诗苑》，止取何两篇，时人讥其不广。刘孝绰当时既有重名，无所与让；唯服谢朓，常以谢诗置几案间，动静辄讽味。简文爱陶渊明文，亦复如此。江南语曰："梁有三何，子朗最多。"三何者，逊及思澄、子朗也。子朗信饶清巧。思澄游庐山，每有佳篇，亦为冠绝。

【译文】

何逊的诗确实清新奇巧，多有生动形象的语句；但是扬都的评诗人每每批评他太过凄苦，意境太过萧索贫寒，不如刘孝绰的诗风雍容闲适。虽然如此，刘孝绰还是很嫉妒他，平常吟诵何逊的诗句时常讥笑："'蘧居响北阙'，不用'蘧车'而用'蘧居'，不合情理。”他又撰写了《诗苑》，其中只选了何逊两首诗，当时的人们都讽刺他心胸不够宽阔。刘孝绰在当时已经很著名，没有什么让他忌惮的人。他只佩服谢朓一个人，经常把谢朓的诗文放在桌案上，随时诵读玩味。梁简文帝喜欢陶渊明的诗，也常常这样做。江南地区有句俗语说：“梁朝有三何，子朗才最多。”三何是指何逊、何思澄、何子朗。何子朗的诗确实写得很清新奇巧。何思澄游览庐山，时常写出佳作，也算冠绝当时。

名实第十

名之与实，犹形之与影也。德艺周厚[①]，则名必善焉；容色姝丽，则影必美焉。今不修身而求令名于世者，犹貌甚恶而责妍影于镜也。上士忘名，中士立名，下士窃名。忘名者，体道合德，享鬼神之福祐，非所以求名也；立名者，修身慎行，惧荣观[②]之不显，非所以让名也；窃名者，厚貌深奸，干浮华之虚称，非所以得名也。

【注释】

① 周厚：周备笃厚。

② 荣观：即荣名、荣誉。

【译文】

名对于实，好比形对于影。德艺周厚，那名就一定好；容貌秀丽，那影就一定美。今日不修身而想在世上留下好的名声，就好比容貌很丑而要求镜子里现出美的影子一样，是不可能的。上品文人忘名，中品文人立名，下品文人窃名。忘名，就是做事遵从道义符合道德，享受鬼神的福祐，而不是有意求名的；立名，就是修身慎行，生怕荣誉会被湮没，而不是为了让名的；窃名，就是外朴内奸，谋求浮华的虚名，却不会真得到名的。

人足所履，不过数寸，然而咫尺之途，必颠蹶[①]于崖岸，拱把之梁[②]，每沉溺于川谷者，何哉？为其旁无余地故也。君子之立己，抑亦如之。至诚之言，人未能信，至洁之行，物或致疑，皆由言行声名，无余地也。吾每为人所毁，常以此自责。若能开方轨[③]之路，广造舟[④]之航，则仲由[⑤]之言信，重于登坛[⑥]之盟，赵熹[⑦]之降城，贤于折冲之将矣。

【注释】

① 颠蹶：翻跌，颠倒。

② 拱把之梁：即独木桥。拱把，两只手合围为拱；一手握满

为把。梁，桥。

③ 方轨：两车并行，指宽阔的大路。

④ 造舟：连船为桥，即浮桥。

⑤ 仲由：孔子弟子，即子路，以信守诺言著称。

⑥ 登坛：升登坛场。古时帝王即位、祭祀、会盟、拜将，多设坛场，举行隆重仪式。

⑦ 赵熹：东汉人，《后汉书》有传。更始年间，曾劝降舞阴城。

【译文】

人的双脚所站立的地方，不过几寸，但是走在约一尺宽的小路上，常常会失足摔下山崖，过独木桥时，也往往会掉进河里。这是为什么呢？是因为这些地方两边都没有余地的缘故。君子立身处世，大概和这个有些类似。一句真诚的话，人们不一定会相信；一种高洁的行为，反而会招来一些人的怀疑，这都是因为人的言论太真诚行为太高洁，声望名誉没有回旋余地的缘故。我经常被人诋毁，每每因此而自我反省。如果在立身处世上做到像走在阔路、宽桥上一样留有余地，那么你说的话就会像仲由的言语一样言而有信，胜过诸侯会盟的誓言；你所做的事就像赵熹以信劝降一样，胜过冲锋陷阵的大将。

吾见世人，清名登而金贝[①]入，信誉显而然诺亏，不知后之矛戟，毁前之干橹也[②]。虙子贱[③]云："诚于此者形于彼。"人之虚实真伪在乎心，无不见乎迹，但察之未熟耳。一为察之所鉴，巧伪不如拙诚，承之以羞大矣。伯石[④]让卿，王莽辞政，当于尔时，自以巧密；后人书之，留传万代，可为骨寒毛竖也。近有大贵，以孝著声，前后居丧，哀毁[⑤]逾制，亦足以高于人矣。而尝于苫块[⑥]之中，以巴豆涂脸，遂使成疮，表哭泣之过。左右僮竖，不能掩之，益使外人谓其居处饮食，皆为不信。以一伪丧百诚者，乃贪名不已故也。

【注释】

① 金贝：金钱，货币。

②干：抵御刀剑之类的小盾牌。橹：抵御矛戟的大盾牌。

③虙子贱：孔子的弟子。

④伯石：即公孙段。春秋时郑国大夫，曾三让卿位。

⑤哀毁：哀痛使身体容貌都受到损害。

⑥苫（shān）块：代指居丧。古人居丧，于先人墓边搭庐而住，以苫为席，以土块为枕。苫，草垫。块，土块。

【译文】

我见到世上的人，清名播扬但金钱暗入，信誉昭著但许诺有亏，真不知是不是后面的矛戟，在捣毁前面的盾牌啊！虙子贱说过："在这件事上做得真诚，就给别件事树立了榜样。"人的虚或实，真或伪固然在于心，但没有不在行动上流露出来的，只是人们观察得不仔细罢了。一旦观察得真切，那种巧于作伪就还不如拙而诚实，招来的羞辱会更大的。伯石的推让卿位，王莽的辞谢政权，在当时自以为既巧又密，可是被后人记载下来，流传万世，叫人看了毛竖骨寒。近来有个大贵人，以孝著称，先后居丧。哀痛毁伤过度，这也是为了显示高于一般人了。可他在居丧期间，用有毒的巴豆涂脸，有意使脸上成疮，来显出他哭泣得多么厉害，这种做作不能瞒过身旁童仆的眼睛，反而让外人说他丧中的居处饮食都是伪装。由于有一件事情作伪，而毁掉了百件事情的真，这就是贪名不足的结果啊！

有一士族，读书不过二三百卷，天才钝拙，而家世殷厚，雅自矜持，多以酒犊①珍玩，交诸名士，甘其饵者，递共吹嘘，朝廷以为文华，亦尝出境聘。东莱王韩晋明笃好文学，疑彼制作，多非机杼②，遂设宴言，面相讨试。竟日欢谐，辞人满席，属音赋韵，命笔为诗，彼造次即成，了非向韵。众客各自沉吟，遂无觉者。韩退叹曰："果如所量！"韩又尝问曰："玉珽③杼上终葵首，当作何形？"乃答云："珽头曲圜④，势如葵叶耳。"韩既有学，忍笑为吾说之。

【注释】

①酒犊：酒和牛。此处指吃喝。

②机杼（zhù）：比喻诗文创作中构思和布局的精巧。

③玉珽（tǐng）：玉笏，古代朝臣上朝时所执手板。

④曲圜：弯而圆。

【译文】

有一个士族子弟，所读的书不过二三百卷，天资愚钝笨拙，但家境富庶，自诩才高，常用酒肉珍宝结交名人雅士，那些受其引诱的人，便相继替他吹捧，致使朝廷也以为他真有文才，聘他出国访问。东莱王韩晋明酷爱文学，对此人的作品产生怀疑，认为大多数不是他本人所作，于是就设宴邀请，当面向他讨教试探。欢宴整日，座中皆为诗文名士，他们按声韵提笔赋诗，这个士人也一挥而就，但全不似向来神韵。别的客人都各自沉思吟咏，没有人注意这一情况。韩晋明退席后感叹道："果然不出我所料！"韩晋明曾有一次问这士人说："玉珽机杼上安装的终葵之首，是什么形状？"他竟回答说："珽头弯曲，大概像葵叶的形状吧。"韩晋明是个有学问的人，后来忍着笑和我说起这件事。

治点[①]子弟文章，以为声价，大弊事也。一则不可常继，终露其情；二则学者有凭，益不精励。

【注释】

①治点：润饰修改文章。

【译文】

润饰修改自己子弟的文章，以此提高他们的身价，是一大弊病。一来你不能永远为他们修改润色，迟早要露馅；二来使他们有所依靠，会更加不肯努力用功。

邺下有一少年，出为襄国令，颇自勉笃。公事经怀，每加抚恤，以求声誉。凡遣兵役，握手送离，或赍[①]梨枣饼饵，人人赠别，云："上命相烦，情所不忍；道路饥渴，以此见思。"

民庶称之，不容于口。及迁为泗州别驾，此费日广，不可常周，一有伪情，触涂难继，功绩遂损败矣。

【注释】

① 赍（jī）：送东西给别人。

【译文】

邺城有一个年轻人，外放担任襄国县令，做事颇为勤勉踏实。办理公务也尽心尽力，对下属关心体贴，希望求得一个好名声。每次征调兵役，他都亲自执手相送，有时还送给他们梨枣和干粮，每个人都给，并且说："这是遵奉上司命令行事，就我个人来说，确实不忍心征召你们，一路上饥渴难免，这点东西表示我一点心意。"老百姓对他赞不绝口。等到他升为泗州别驾后，这方面的开支越来越大，也就不可能做得面面俱到了。可见一旦表现出虚情假意，以前的做法便常常难以继续下去，过去的功绩也就随之而毁败了。

或问曰："夫神灭形消，遗声余价，亦犹蝉壳蛇皮，兽迒①鸟迹耳，何预于死者，而圣人以为名教乎？"对曰："劝也。劝其立名，则获其实。且劝一伯夷，而千万人立清风矣；劝一季札，而千万人立仁风矣；劝一柳下惠，而千万人立贞风矣；劝一史鱼，而千万人立直风矣。故圣人欲其鱼鳞凤翼，杂沓参差，不绝于世，岂不弘哉？四海悠悠，皆慕名者，盖因其情而致其善耳。抑又论之，祖考之嘉名美誉，亦子孙之冕服墙宇②也，自古及今，获其庇荫者亦众矣。夫修善立名者，亦犹筑室树果，生则获其利，死则遗其泽。世之汲汲者，不达此意，若其与魂爽俱升，松柏偕茂者，惑矣哉！

【注释】

① 迒（háng）：野兽的脚印或车轮的痕迹。

② 冕服墙宇：衣帽房屋，代指上辈留下的遗产。

【译文】

有人问："人死之后形神俱灭，留下的名声和威望，也就像蝉蛇蜕化后的皮壳，像鸟兽经过后留下的踪迹一样，毫无意义，而圣人为何用它来教化百姓呢？”我回答说：“是为了勉励。勉励人们树立好名声，就能产生好的效果。况且褒扬一个伯夷，就会在千万人中树立清正的风气；褒扬一个季札，就会在千万人中树立仁爱的风气；褒扬一个柳下惠，就会在千万人中树立贞操的风气；褒扬一个史鱼，就会在千万人中树立正直的风气。所以圣人希望这类有美好名声的人不断出现，使美名一直流传在世上，这意义不是很大吗？纵观四海之内，人们无不追求美名，大概是因为人的性情，都喜欢善的东西。再说，祖先的好名声，对子孙来说就像是依靠和庇护，自古至今，获得祖先声誉荫庇的人不计其数。多行善事，树立名誉，就如同造房和种树，在生时获得它的利益，去世后又能恩泽后人。世上的庸人，不明白此意，他们想灵魂与那些美名一起升华，像松柏一样长青，实在是太糊涂了。”

涉务第十一

士君子之处世，贵能有益于物耳，不徒高谈虚论，左琴右书，以费人君禄位也。国之用材，大较不过六事：一则朝廷之臣，取其鉴达治体①，经纶博雅；二则文史之臣，取其著述宪章，不忘前古；三则军旅之臣，取其断决有谋，强干习事；四则藩屏②之臣，取其明练风俗，清白爱民；五则使命之臣，取其识变从宜，不辱君命；六则兴造之臣，取其程功③节费，开略有术，此则皆勤学守行者所能辨也。人性有长短，岂责具美于六涂哉？但当皆晓指趣，能守一职，便无愧耳。

【注释】

①治体：指治理国家的体制、法度。

②藩屏：藩篱屏蔽，比喻地方高级官员。

③程功：衡量功绩，计算完成工程的进度。

【译文】

大丈夫处身立世，贵在能够做一些有益于社会的事，不能光是高谈阔论，无事弹琴写字，白白浪费君主给他的俸禄。国家任命人材，大体有六个方面：一是在朝廷处理政务的大臣，需要他精通治理国家之道，满腹经纶，博学文雅；二是掌管文史的大臣，他要能起草各种典章法令，不忘前人经验教训；三是统领军队的将士，他要能足智多谋，勇于决断，熟悉军务；四是地方官员，他要能熟悉当地民情，清正廉洁，爱护百姓；五是外交使臣，他要能机智灵活，随机应变，不辜负君王的使命；六是负责兴造建筑的大臣，他要能保证工程进度，节约工程费用，在节省开支的基础上多做事情：这都是勤奋学习、保持操行的人所能办到的。只是人的能力有长有短，哪能强求这六个方面都具备呢？只要对这些都通晓大致要领，而做好其中的一个方面，就可以无愧于心了。

吾见世中文学之士，品藻[①]古今，若指诸掌[②]，及有试用，多无所堪。居承平之世，不知有丧乱之祸；处庙堂之下，不知有战陈之急；保俸禄之资，不知有耕稼之苦；肆吏民之上，不知有劳役之勤，故难可以应世经务也。晋朝南渡，优借[③]士族；故江南冠带[④]，有才干者，擢为令仆已下尚书郎中书舍人已上，典掌机要。其余文义之士，多迂诞浮华，不涉世务；纤微过失，又惜行捶楚，所以处于清高，盖护其短也。至于台阁令史，主书监帅，诸王籤省，并晓习吏用，济办时须，纵有小人之态，皆可鞭杖肃督，故多见委使，盖用其长也。人每不自量，举世怨梁武帝父子爱小人而疏士大夫，此亦眼不能见其睫耳。

【注释】

①品藻：评价鉴定等级。

②指诸掌：通称“指掌”，此处指做得容易。

③优借：优待。

④冠带：士族、缙绅的代称，以其戴冠束带故称。

【译文】

我发现世上的文人学士，评议古今，好似指点掌中之物一般，非常容易，但真正让他们去处理实际事务时，却大多不能胜任。他们生活在太平盛世，不知道丧乱之祸；身在朝廷之上，不知道有战争激斗的危险；享受安定的俸禄，不知道百姓耕种的辛苦；肆意横行于吏民头上，不知道从事劳役之人的辛苦：所以他们就难以顺应时世和处理政务。东晋南渡之后，朝廷对士族优待宽容，因此江南的文士缙绅中凡是有才干的，就能提拔重用，官至尚书令、尚书仆射以下，尚书郎、中书舍人以上，执掌国家事务。其余只懂得一点文义的人，多半华而不实，不涉世务；有了点小过错，又不好严厉责罚，也只好把他们放在一些名高职轻的位置上，来为他们护短。至于那些台阁令史、主书、监帅、诸王的典签、省事这一类的职务，都需要官吏对那些工作通晓熟练，擅长处理事务，适应需要。他们即使有粗鄙小人的不良行为，也可以对他们实行刑罚严加监督，所以他们常常多被委任使用，这是发挥了他们的长处。人往往没有自知之明，世人都抱怨梁武帝父子喜欢粗鄙小人而疏远出身高贵的士大夫，这和眼睛不能看到眼睫毛的道理是一样的。

梁世士大夫，皆尚褒衣博带，大冠高履，出则车舆，入则扶侍，郊郭之内，无乘马者。周弘正为宣城王所爱，给一果下马[①]，常服御之，举朝以为放达。至乃尚书郎乘马，则纠劾之。及侯景之乱，肤脆骨柔，不堪行步，体羸[②]气弱，不耐寒暑，坐死仓猝者，往往而然。建康令王复性既儒雅，未尝乘骑，见马嘶喷陆梁[③]，莫不震慑，乃谓人曰："正是虎，何故名为马乎？"其风俗至此。

【注释】

① 果下马：古时名马，身高三尺，骑之可从果树下过，故名。

② 羸（léi）：瘦弱。

③ 嘶喷：马嘶鸣。陆梁：跳跃。

【译文】

梁朝的士大夫，都崇尚穿宽大的衣服，系很宽的腰带，还要戴高帽子，穿高跟木鞋，出门乘车，进门有人搀扶伺候，无论是在城里还是城外，见不到士大夫骑马。宣城王很宠爱周弘正，赐给他一匹果下马。周弘正常常骑着这匹马，结果朝廷上下都指责他放纵，不拘礼节。当时的尚书郎如果骑马，就会遭到弹劾。到了侯景之乱爆发的时候，士大夫们一个个都身娇体弱，难以承受步行的辛苦，也受不了气候的冷热变化。在变乱中因此而死的人，比比皆是。建康令王复，性情温文尔雅，从未骑过马，一看见马嘶鸣跳跃的样子，就吓得魂飞魄散，他对人说道："这是老虎，为什么叫马呢？"柔弱之风竟然到了这种地步。

古人欲知稼穑之艰难，斯盖贵谷务本之道也。夫食为民天，民非食不生矣，三日不粒，父子不能相存。耕种之，茠锄[①]之，刈获之，载积之，打拂之，簸扬之，凡几涉手，而入仓廪[②]，安可轻农事而贵末业哉？江南朝士，因晋中兴，南渡江，卒为羁旅，至今八九世，未有力田，悉资俸禄而食耳。假令有者，皆信僮仆为之，未尝目观起一拨土[③]，耘一株苗；不知几月当下，几月当收，安识世间余务乎？故治官则不了，营家则不办，皆优闲之过也。

【注释】

①茠（hāo）：即“薅”，除田草。鉏（chú）：农具名，即锄。

②仓廪（lǐn）：盛粮食的仓库。

③一拨（fá）土：一犁土。拨，耕地翻起的土块。

【译文】

古人多知务农的艰辛，懂得珍惜粮食、重视农业生产之本道。民以食为天，没有食物，人们就无法生存，三天不吃饭，父子之间也没有力气相互支持。粮食生产要经过耕种、锄草、收割、储存、舂打、扬场等程序，才能存进粮仓，怎么能轻视农业而重视商业呢？南朝的官员，随着晋朝的复兴，南渡过江，流落他乡，到现在也经历了八九代了。但是王公大臣们从来没有人从事过农业生产，完全依靠朝廷俸禄供养。即便他们有田地，也是随意交给奴仆来耕种，从没亲眼见过别人如何挖一块泥土，为一棵苗除草，他们连几月份播种、几月份收获都不知道，又哪里懂得其他事务呢？因此，他们做官时不识世务，治家时又不办产业，这都是养尊处优带来的坏处！

省事第十二

铭[①]金人云："无多言，多言多败；无多事，多事多患。"至哉斯戒也！能走者夺其翼，善飞者减其指，有角者无上齿，丰后者无前足，盖天道不使物有兼焉也。古人云："多为少善，不如执一；鼫鼠五能[②]，不成伎术。"近世有两人，朗悟[③]士也，性多营综[④]，略无成名。经不足以待问，史不足以讨论，文章无可传于集录，书迹未堪以留爱玩，卜筮射六得三[⑤]，医药治十差[⑥]五，音乐在数十人下，弓矢在千百人中，天文、画绘、棋博，鲜卑语、胡书，煎胡桃油，炼锡为银，如此之类，略得梗概[⑦]，皆不通熟。惜乎，以彼神明，若省其异端[⑧]，当精妙也。

【注释】

①铭：刻在器物上用以记叙生平、事业，或警戒自己的文字。

②鼫（shí）鼠：鼠名，也叫石鼠、土鼠。五能：指鼫鼠有五种技能。《说文·鼠部》："鼫，五技鼠也，能飞不能过屋，能缘不能穷木，能游不能渡谷，能穴不能掩身，能走不能先人，此之谓五技。"

③朗悟：聪明。

④营综：经营综理。

⑤卜筮（shì）：古人预测吉凶，以龟甲为占称卜，用蓍草占称筮，合称卜筮。射：猜度。

⑥差（chài）：病愈。

⑦梗概：大略，大概。

⑧异端：古代儒家称持不同见解的学派为异端，后泛称不合正统者为异端。

【译文】

刻在铜人身上的文字说："不要多说话，多说话会多失；不要多事，多事会多祸患。"这个告诫对极了啊！善跑的上天夺去了它的翅膀，善飞的减去它的前两肢，长了双角的没有上齿，后肢发达的前脚退化，大概是上天不让生物兼有各种长处吧！古人说："什么都会做而做好的少，还不如专心做好一件；鼫鼠有五种本事，可没有一样突出。"近代有两个人，都是聪明人，兴趣广泛，涉猎很广，可没有一样有成就的。他们的经学不能回答人家的提问，史学不足以和人家探讨，文章不能收入集录以流传后世，书法字迹没有收藏价值，占卜六次仅有三次卜中，医治十人只有五人能痊愈，演奏水平在几十人之下，弓箭技能在千百人之中，天文、绘画、棋博，鲜卑语、胡书，煎胡桃油，炼锡为银，诸如此类，只是懂个大概，都不精通熟练。遗憾啊！凭这两位的聪明才智，如果能够明白其他都是末技小道，专攻一项，一定会达到精妙的程度。

上书陈事，起自战国，逮①于两汉，风流弥广。原其体度：攻人主之长短，谏诤②之徒也；讦③群臣之得失，讼诉之类也；陈国家之利害，对策之伍也；带私情之与夺，游说之俦④也。总此四涂⑤，贾诚⑥以求位，鬻言⑦以干禄。或无丝毫之益，而有不省之困，幸而感悟人主，为时所纳，初获不赀⑧之赏，终陷不测之诛，则严助、朱买臣、吾丘寿王、主父偃之类甚众。良史所书，盖取其狂狷⑨一介，论政得失耳，非士君子守法度者所为也。今世所睹，怀瑾瑜而握兰桂者，悉耻为之。守门诣阙，献书言计，率多空薄，高自矜夸，无经略之大体，咸秕糠之微事，十条之中，一不足采，纵合时务，已漏先觉，非谓不知，但患知而不行耳。或被发奸私，面相酬证，事途回穴，翻惧愆尤⑩；人主外护声教，脱加含养，此乃侥幸之徒，不足与比肩也。

【注释】

①逮（dài）：及，至。

②谏诤（zhèng）：直言规劝，止人过失。

③讦（jié）：直言不讳。

④俦（chóu）：同类。

⑤ 涂：同“途”，道路。这里指途径。

⑥ 贾（gǔ）诚：出卖忠心。

⑦ 鬻（yù）言：出卖言论。

⑧ 不赀（zī）：不可计量。

⑨ 狂狷（juàn）：激进与拘谨保守，因为二者皆偏于一面，后泛指偏激。狷，洁身自好。

⑩ 愆（qiān）尤：过失，罪咎。

【译文】

向君主上书陈述国家政事，这种风气源自战国，到了两汉，流行更广。推究它的体例：指责君主的过错，这是直言规劝的一类；直言群臣的得失，这是争辩是非曲直的一类；陈说国策好坏，这是属于对策的一类；带着私人感情进行褒贬，这是游说的一类。总的来看这四类人，都是用忠心求高官，以见解求厚禄。这种行为有的不但不能带来丝毫好处，反而会因君主不理解而使自己陷入困厄境地，即使侥幸打动了君主的心，获得当世采纳，最初得到不可估量的优待，最后也往往招致难以预料的灾祸，像严助、朱买臣、吾丘寿王、主父偃之类的例子有很多。优秀的史官之所以记载这些，是看重他们的偏激耿介，敢于评论时政得失罢了，并不是士大夫君子和遵纪守法的人做的事。今天的现象是，怀才抱德的君子都耻于上书言事。趋赴官廷，向君主上书言计的人，大都是些腹中空空，学识浅薄，自命不凡的无能之辈，他们上书陈说的不是治国安邦的道理，都是一些鸡毛蒜皮的小事，十条建议中，没有一条可取，纵使有那么一两条符合现实，也都是别人已经认识到的，不是别人不知道，只是说了也无用，反而招来祸患。有的上书者被人揭发怀有私心，与人当面对质，他们因为事情复杂曲折，反而会为自己的过失忧心忡忡；君主对外为了维护朝廷的声威教化，或许会对他们加以包涵原谅，这些都是侥幸之辈，不足以和他们一起共事。

谏诤之徒，以正人君之失尔，必在得言之地，当尽匡赞[①]

之规，不容苟免偷安，垂头塞耳；至于就养[2]有方，思不出位，干非其任，斯则罪人。故《表记》云："事君，远而谏，则谄也；近而不谏，则尸利[3]也。"《论语》曰："未信而谏，人以为谤己也。"

【注释】

①匡赞：匡正辅佐。

②就养：侍奉，奉养。

③尸利：指身居官位接受俸禄而无所作为。

【译文】

规劝君王的臣子，责任在于纠正君主过失，必须得在其位，谋其匡正辅佐的责任，不能苟且偷安，俯首装聋作哑；至于侍奉君主有一定之规，考虑的问题不要超出自己的职责范围，如果插手不是自己职务分内的事务，那就会成为朝廷的罪人。所以《礼记·表记》中说："侍奉君主，与君主关系疏远而进谏，就是近于谄媚；与君主关系亲近而不进谏，就是白食俸禄。"《论语·子张》中也说："没有得到对方的信任而劝谏，对方会认为你在毁谤他。"

君子当守道崇德，蓄价[1]待时，爵禄不登，信由天命。须求趋竞，不顾羞惭，比较材能，斟量功伐[2]，厉色扬声，东怨西怒；或有劫持宰相瑕疵[3]，而获酬谢，或有諠聒[4]时人视听，求见发遣[5]；以此得官，谓为才力，何异盗食致饱，窃衣取温哉！世见躁竞得官者，便谓"弗索何获"；不知时运之来，不求亦至也。见静退未遇者，便谓"弗为胡成"；不知风云不与，徒求无益也。凡不求而自得，求而不得者，焉可胜算乎！

【注释】

①蓄价：蓄养名誉身价。

②功伐：功劳，功勋。

③劫持：要挟，挟持。瑕疵：玉的斑痕，比喻人的过失或事物的缺点。

④諠聒（guō）：声大喧嚣刺耳。諠，同"喧"。

⑤发遣：派遣，差遣出去做官。

【译文】

君子应当坚守道德规范，增强自身道德修养，蓄养身价名望，等待机遇的到来，就算不能得到高官厚禄，那也听从上天安排。如果主动奔走索求，不顾廉耻，和别人竞才能、赛功绩，声色俱厉高声呼喊，整天怨这怪那；或者以宰相的短处相要挟，以获得酬谢；或者在世人面前大吵大闹扰乱视听，以求早日被重用委职。通过这些手段得到官职，还自认为自己有能力，这跟偷吃东西填饱肚子、偷衣服穿温暖身体有什么区别呢！世人看到那些投机取巧而得到官职的人，往往会说"不主动争取哪里会得到"；岂不知，一个人的时运若是来到时，不去争取也能得到。看到那些安于清净而没有得到重用的人，他们也说"不去争取怎么会有结果呢"；他们却不知道机遇不降临，即使追求也是没用的。不索求而有所得的人，刻意追求而不获的人，世上多得数不过来。

齐之季世①，多以财货托附外家，諠动女谒②。拜守宰者，印组③光华，车骑辉赫，荣兼九族，取贵一时。而为执政所患，随而伺察，既以利得，必以利殆，微染风尘，便乖肃正④；坑阱⑤殊深，疮痏⑥未复，纵得免死，莫不破家，然后噬脐⑦，亦复何及。吾自南及北，未尝一言与时人论身份也，不能通达，亦无尤焉。

【注释】

①季世：末年，衰败时期。

②女谒：通过宫中受宠的女子谋求官职，后泛指通过有权势的妇女谋求权位。

③印组：印信和系印信的丝带。古人印信上系有丝带，佩带在身。

④乖：背离，不一致。肃正：严肃端正。

⑤坑阱：用以捕兽或擒敌的陷阱，常比喻害人的圈套。

⑥疮痏（wěi）：疮疡，伤痕。

⑦ 噬脐：自啮腹脐，比喻后悔不及。

【译文】

北齐王朝的末年，很多人用钱财贿赂结交外戚权贵，通过宫中的宠妃来为自己求官位。一旦被任命为地方长官，则身上官印绶带辉煌闪耀，车马光鲜亮丽，荣耀遍及九族，荣华富贵一时全得。然而这些人却成为执政者的隐患，便对他们监视观察，他们既然是通过钱财取得荣宠，也必定会因为钱财而招致灾祸，稍微沾染世间庸俗之事，便背离了端正之道：陷阱太深，遍体鳞伤没有恢复，即使免于一死，也还是免不了家门破败，那时候后悔也来不及了，又有什么用。我从南方到北方，不曾跟别人提起过一句涉及身份地位的话，没有富贵显达，也没有过失。

王子晋[①]云："佐饔[②]得尝，佐斗得伤。"此言为善则预，为恶则去，不欲党人非义之事也。凡损于物，皆无与焉。然而穷鸟入怀，仁人所悯；况死士[③]归我，当弃之乎？伍员[④]之托渔舟，季布之入广柳[⑤]，孔融之藏张俭[⑥]，孙嵩之匿赵岐[⑦]，前代之所贵，而吾之所行也，以此得罪，甘心瞑目。至如郭解[⑧]之代人报仇，灌夫[⑨]之横怒求地，游侠之徒，非君子之所为也。如有逆乱之行，得罪于君亲者，又不足恤[⑩]焉。亲友之迫危难也，家财己力，当无所吝；若横生图计，无理请谒，非吾教也。墨翟[⑪]之徒，世谓热腹，杨朱[⑫]之侣，世谓冷肠；肠不可冷，腹不可热，当以仁义为节文尔。

【注释】

① 王子晋：即王子乔，周灵王之太子，传说他死后成仙。

② 佐饔（yōng）：协助制作菜肴。

③ 死士：不惧死的勇士。

④ 伍员：即伍子胥，春秋时期楚国人，其父兄都被楚平王杀害，他出逃至吴国，后领兵打败楚国。传说他在出逃时曾经得到一个渔人的帮助。

⑤ 季布：楚人，项羽的将领，曾经多次围困刘邦。刘邦灭项

羽之后曾以千金重赏求捕他。广柳：大篷丧车。濮阳周氏曾将季布藏于广柳车中，卖于朱家为奴。

⑥孔融：东汉末期鲁人，字文举，建安七子之一，后为曹操所杀。张俭：字符节，山阳高平人。他曾投奔孔融的哥哥孔褒，正巧孔褒不在家，孔融便自做主张收留了他。

⑦赵岐：字邠卿，京兆长陵人，祖为得罪宦官，出逃至北海，得到孙嵩的救助。事见《后汉书·吴延史卢赵列传》。

⑧郭解：字翁伯，汉代游侠，后被诛族。

⑨灌夫：西汉人，字仲孺。为人刚正不阿，后被田蚡弹劾以不敬罪诛族。

⑩恤：体恤，怜悯。

⑪墨翟：春秋、战国之际的思想家，墨家学派的创始人，主张“兼爱、非攻、尚同”。

⑫杨朱：战国时期魏国人，字子居，又称杨子、阳子或阳生。年代后于墨翟，早于孟子，他的学说重在爱己，不以物累，不拔一毛以利天下，与墨子的“兼爱”思想相对。

【译文】

王子晋说：“协助别人下厨可以品尝佳肴，帮人打架只能受到伤害。”这话是说别人做好事要参与，别人做坏事要远离，不要和人结伙做不好的事。凡是损害他人利益的事都不参与。然而无处可躲的小鸟落到自己怀里，仁慈的人都会怜悯它；更何况是走投无路的勇士前来投奔我，难道要弃他不顾么？伍子胥托身渔舟，季布被人藏在广柳车中，孔融收留张俭，孙嵩藏匿赵岐，这些都是深受前人推崇的行为，也是我们应当奉行的，即使因此而招致灾祸，也心甘情愿。至于像郭解那样因小利而替别人报仇，灌夫替人怒责田蚡，这是游侠之气，不该是君子所为。若是因为谋逆作乱，得罪君主和长辈，那就不值得同情了。亲友遇到危险的时候，自己的财产和能力应当毫不吝惜奉献出来；要是有人图谋不轨，提出一些无理的要求，那不是我教你们怜悯的。墨家学派的人，世人认为是心肠热忱的人；杨朱学派的人，世人认为是心肠冷漠的人。心肠不可过冷，也不可过热，应当以礼制和道义来节制自己的言行。

前在修文令曹①，有山东学士与关中太史竞历②，凡十余人，纷纭累岁，内史牒③付议官平之。吾执论曰："大抵诸儒所争，四分并减分两家尔。历象之要，可以晷景④测之；今验其分至薄蚀，则四分疏而减分密。疏者则称政令有宽猛，运行致盈缩，非算之失也；密者则云日月有迟速，以术求之，预知其度，无灾祥也。用疏则藏奸而不信，用密则任数而违经。且议官所知，不能精于讼者，以浅裁深，安有肯服？既非格令⑤所司，幸勿当也。"举曹⑥贵贱，咸以为然。有一礼官，耻为此让，苦欲留连，强加考覈。机杼既薄，无以测量，还复采访讼人，窥望长短，朝夕聚议，寒暑烦劳，背春涉冬，竟无予夺，怨诮滋生，赧然而退，终为内史所迫：此好名之辱也。

【注释】

① 修文令曹：文林馆。

② 竞历：争论历法。

③ 牒：官府公文的一种。

④ 晷（guǐ）景：晷表之投影，日影。景，通"影"。

⑤ 格令：法令。

⑥ 举曹：争论的双方。

【译文】

以前我在文林馆的时候，山东学士和关中太史争论历法，参与争论的有十几人，连年争论不休，以致内史下了公文交付议官来平息纷争。我提出自己的看法说："基本上大家所争论的，不过是'四分历'和'减分历'两种算法。推测天体运行的要领，可以通过晷影来测算，现在根据春分秋分、冬至夏至和日食月食来验证，可以看出'四分历'过于粗疏而'减分历'过于细密。主张'四分历'的一方认为政令有宽猛之别，天体的运行也会导致长短之分，这并不是历法计算的失误；主张'减分历'的一方则说日月运行有快有慢，运用正确的方法推求，就可以预先知道它们运行的度次，避免各种自然灾害。采用较疏的‘四分历’可能藏奸而不真实；采用较密的‘减分历’虽然顺应天数却违背经义。况且议官所了解的天文知识，并不比争论的双方更为精通，让低水平的人去评判高水平的人，怎么能使人信服呢？这既然不是律令所掌管的事，最好不要由他们来评判。”官署上下所有人，都认为我说的有道理。有一个礼官，耻于知难而退，苦苦纠缠，坚持干预此事。他本身学问就浅，无法测量计算，于是就不断对争论的双方进行搜求访问，暗中查测双方短长，他们时常聚在一起讨论，不分寒暑为之劳烦，然而由春至冬，还是不能裁定谁是谁非，很多人都埋怨他、嘲笑他，他也只好含羞作罢，最终受到内史的斥责：这就是过于贪图名声所带来的羞辱。

止足第十三

《礼》云："欲不可纵，志不可满。"宇宙可臻其极，情性不知其穷，唯在少欲知足，为立涯限尔。先祖靖侯戒子侄曰："汝家书生门户，世无富贵；自今仕宦不可过二千石，婚姻勿贪势家。"吾终身服膺①，以为名言也。

【注释】

①服膺（yīng）：谨记在心，衷心信服。

【译文】

《礼记》中说："欲望不可以放纵，志向不可以太盈满。"宇宙还可能有尽头，人贪婪的本性则无止境，只有减少欲望，知道满足，给自己立个界限。先祖靖侯曾经教诫子侄说："你们家是书香人家，世世代代没有出现过大富大贵之人；从今以后，做官不可超过二千石这个职位，缔结婚姻不要贪图权力显赫的人家。"这些话，我终身铭记在心，并作为至理名言。

天地鬼神之道，皆恶满盈。谦虚冲损，可以免害。人生衣趣①以覆寒露，食趣以塞饥乏耳。形骸②之内，尚不得奢靡，己身之外，而欲穷骄泰③邪？周穆王、秦始皇、汉武帝，富有四海，贵为天子，不知纪极④，犹自败累，况士庶乎？常以二十口家，奴婢盛多，不可出二十人，良田十顷，堂室才蔽风雨，车马仅代杖策，蓄财数万，以拟吉凶急速，不啻⑤此者，以义散之；不至此者，勿非道求之。

【注释】

①趣：通"取"，仅仅满足。

②形骸：人的躯体。

③骄泰：骄傲放纵。

④纪极：终极，限度。

⑤不啻（chì）：不仅，何止。

【译文】

天地鬼神之道，都憎恶满盈。谦虚淡泊，可以减免灾祸。人生在世，穿衣服不过是为了用它覆盖身体以免寒冷，吃东西仅仅为了填饱肚子以免饥饿乏力。自身形体尚且不求奢侈浪费，形体之外，还要穷奢极欲吗？周穆王、秦始皇、汉武帝，富有天下，贵为天子，不懂得适可而止，尚且因欲望所累招致伤败，何况是普通人呢？我认为二十口之家，奴婢最多不可超过二十人，良田只需十顷，房屋只求遮挡风雨，车马只求代替拄杖步行。积蓄几万家财，用来准备婚丧和应急之用。超出这个数量的，要通过做好事来疏财；没有到达这个程度的，也切勿通过不正当的办法来获取。

仕宦称泰[①]，不过处在中品，前望五十人，后顾五十人，足以免耻辱，无倾危也。高此者，便当罢谢，偃仰[②]私庭。吾近为黄门郎，已可收退；当时羁旅，惧罹谤讟[③]，思为此计，仅未暇尔。自丧乱已来，见因托风云，徼幸富贵，旦执机权，夜填坑谷，朔欢卓、郑，晦泣颜、原者，非十人五人也。慎之哉！慎之哉！

【注释】

①泰：平安稳妥。

②偃仰：安居悠然自得。

③罹：被，遭受。谤讟（dú）：怨言毁谤。

【译文】

做官想要平安稳妥的，是处在中品的官位，前面有五十个人，后面有五十个人，这就足以避免受辱，没有灭亡的危险。若官位高于中品，就应当告退辞职，回家安居。我前不久获任黄门郎这一职务，本该收敛告退了，但是因为目前客居他乡，怕遭到别人的攻击和毁谤；心里有这个打算，但是却找不到机会。自从丧乱发生以来，我见证了很多乘机得势、侥幸取得富贵的人，早上还大权在握，晚上就葬身荒野。月初时还像卓氏、郑氏那样富可敌国，月底却像颜回、原思那样一贫如洗，这种人不止五个十个啊！一定要当心，一定要当心啊！

诫兵第十四

颜氏之先，本乎邹、鲁，或分入齐，世以儒雅为业，遍在书记[①]。仲尼门徒，升堂者七十有二，颜氏居[②]八人焉。秦、汉、魏、晋，下逮齐、梁，未有用兵以取达者。春秋世，颜高、颜鸣、颜息、颜羽之徒，皆一斗夫[③]耳。齐有颜涿聚[④]，赵有颜冣[⑤]，汉末有颜良[⑥]，宋有颜延之[⑦]，并处将军之任，竟以颠覆。汉郎颜驷[⑧]，自称好武，更无事迹。颜忠[⑨]以党楚王受诛，颜俊[⑩]以据武威见杀，得姓已来，无清操[⑪]者，唯此二人，皆罹祸败。顷世乱离，衣冠之士，虽无身手，或聚徒众，违弃素业，徼幸战功。吾既羸薄[⑫]，仰惟前代，故寘[⑬]心于此，子孙志之。孔子力翘门关[⑭]，不以力闻，此圣证也。吾见今世士大夫，才有气干，便倚赖之，不能被甲执兵，以卫社稷；但微行险服[⑮]，逞弄拳腕，大则陷危亡，小则贻耻辱，遂无免者。

【注释】

①书记：指文字、书籍、文章记载等。

②居：占。

③斗夫：武夫。

④颜涿聚：即颜庚。

⑤颜冣（zuì）：事见《史记·赵世家》："幽缪王迁七年，秦人攻赵，赵大将李牧，将军司马尚将，击之。李牧诛，司马尚免，赵忽及齐将颜冣代之。赵忽军破，颜冣亡去。"

⑥颜良：袁绍属下将领，后为关羽所杀。事见《三国志》。

⑦颜延之：字延年，南朝宋人。官至金紫光禄大夫，文章冠绝当时。事见《宋书·颜延之传》。

⑧颜驷：汉代人，于汉文帝时为郎官，历文帝、景帝、武帝三世，不获任用，老于郎署。事见《汉武故事》。

⑨颜忠：汉人，曾参与楚王英的谋反，事发，被诛。事见《后汉书·光武十王列传》。

⑩ 颜俊：三国时人。《三国志·魏书·刘司马梁张温贾传》："是时，武威颜俊、张掖和鸾、酒泉黄华、西平麴演等并举郡反，自号将军，更相攻击。俊遣使送母及子诣太祖为质，求助。太祖问既，既曰：'俊等外假国威，内生傲悖，计定势足，后即反耳。今方事定蜀，且宜两存而斗之，犹卞庄子刺虎，坐收其毙也。'太祖曰：'善。'岁余，鸾遂杀俊，武威王秘又杀鸾。"

⑪ 清操：高尚的节操。

⑫ 羸薄：瘦弱。

⑬ 寘（zhì）：置，安置。

⑭ 翘：举。门关：门闩。

⑮ 微行：指悄无声息的行动。险服：不合礼制的服饰，奇异的服装。

【译文】

颜氏的祖先，本发源于邹国、鲁国，有的分支迁到齐国，世代从事读书治学的事业，这都在家谱上面记载着。孔子的学生，学问优秀的有七十二人，姓颜的就占了其中八个，从秦汉、魏晋，直到齐梁，颜氏家族中没有人是靠带兵打仗来取得通达显贵的。春秋时代，颜高、颜鸣、颜息、颜羽等人，都不过是一介武夫而已。齐国的颜涿聚、赵国的颜冣、东汉末年的颜良、南朝宋的颜延之，都身处过将军的要位，最终都因此而倾覆败亡。汉时侍郎颜驷，自称喜好武功，却没有见他有什么功绩流传后世。颜忠因党附楚王而被杀，颜俊因谋反占据武威而被诛，颜氏家族从得此姓以来，不怀清白节操的，只有这两个人，他们都遭到失败。近代天下动乱不安，有些士大夫和贵族子弟，虽然没有努力习武，却聚集一批人，放弃一贯从事的诗书儒业，想侥幸获取战功。我年老体弱，又想起颜氏家族前人中因好兵致祸的教训，所以仍旧把心思放在读书上面，子孙们对这一点要牢记于心。孔子的力气大到能举起沉重的城门，却不肯以力大闻名于世，这是圣人留下的榜样。我看到今世的士大夫，稍微有点气力，就以此作为资本，不去披甲执兵保卫国家，而是行踪神秘，穿着奇装异服，耍弄拳脚，重则陷于危亡，轻则招致耻辱，最后没有人能避免。

国之兴亡，兵之胜败，博学所至，幸讨论之。入帷幄之中，参庙堂之上，不能为主尽规以谋社稷，君子所耻也。然而每见文士，颇读兵书，微有经略，若居承平之世，睥睨宫阃①，幸灾乐祸，首为逆乱，诖误②善良；如在兵革之时，构扇③反复，纵横说诱，不识存亡，强相扶戴④：此皆陷身灭族之本也。诫之哉！诫之哉！

【注释】

① 睥睨（pì nì）：窥视、侦伺。阃（kǔn）：门槛，借指军事或政务。

② 诖（guà）误：贻误，连累。

③ 构扇：挑拨煽动。

④ 扶戴：扶立拥戴。

【译文】

国家兴亡，战争胜败这类问题，如果学识够渊博，是可以讨论的。在军队中运筹帷幄，在朝廷里参与议政，如果不能尽力为君主出谋献策，以保全国家，这是君子引以为耻的。然而我常常看见一些文人，粗略读过几本兵书，稍微懂得一些谋略，如果是生活在太平盛世，他们就蔑视宫廷，以灾祸为乐，带头挑起叛乱，连累善良的人；如果是在兵荒马乱的时代，他们就勾结煽动众人反叛，无所顾忌，四处游说，拉拢诱骗，不能看清存亡的形势，拼命相互扶植拥戴：这些都是丧身灭族的根源。一定要引以为诫！一定要引以为诫啊！

习五兵，便乘骑，正可称武夫尔。今世士大夫，但不读书，即称武夫儿，乃饭囊酒瓮也。

【译文】

精通各种兵器，擅长骑马驾车，才可以称为武夫。如今的士大夫，只要是不读书，便自以为是武夫，实际上是没有真才实学的酒囊饭袋。

养生第十五

神仙之事，未可全诬[①]；但性命在天，或难钟值[②]。人生居世，触途牵絷[③]：幼少之日，既有供养之勤；成立之年，便增妻孥之累。衣食资须，公私驱役；而望遁迹山林，超然尘滓，千万不遇一尔。加以金玉之费，炉器所须，益非贫士所办。学如牛毛，成如麟角。华山之下，白骨如莽，何有可遂之理？考之内教，纵使得仙，终当有死，不能出世。不愿汝曹专精于此。若其爱养神明，调护气息，慎节起卧，均适寒暄，禁忌食饮，将饵[④]药物，遂其所禀[⑤]，不为夭折者，吾无间然。诸药饵法，不废世务也。庾肩吾[⑥]常服槐实，年七十余，目看细字，须发犹黑。邺中朝士，有单服杏仁、枸杞、黄精、术[⑦]、车前得益者甚多，不能一一说尔。吾尝患齿，摇动欲落，饮食热冷，皆苦疼痛。见《抱朴子》牢齿之法，早朝叩齿三百下为良；行之数日，即便平愈，今恒持之。此辈小术，无损于事，亦可修也。凡欲饵药，陶隐居[⑧]《太清方》中总录甚备，但须精审，不可轻脱。近有王爱州在邺学服松脂，不得节度，肠塞而死，为药所误者甚多。

【注释】

① 诬：虚假，虚妄。

② 钟值：正好遇上。

③ 牵絷（zhí）：牵绊。

④ 饵：服食，吃。

⑤ 禀：领受，承受。

⑥ 庾肩吾：南朝梁代人，字子慎，庾信的父亲。工诗赋，有《书品》传世。

⑦ 术（zhú）：草名。多年生草本，有白术、苍术等数种，根茎可入药。

⑧ 陶隐居：指陶弘景。

【译文】

得道成仙的事情，不能一概否定；只是人的寿命长短取决于天，很难遇到得道成仙这种事。人生在世，到处都有牵累羁绊：小时候，有侍奉父母的辛劳；成年以后，又增加了妻子儿女的拖累。既要解决衣食供给之需，又要为公私操劳奔波；然而希望隐居山林之中，超脱于尘世的人，千万人中也遇不到一个。加上炼丹要耗资黄金宝玉丹炉，这更不是清贫之士所能办到的。热衷于学道的人多如牛毛，成仙的人却稀如麟角。华山下面，白骨多如野草，哪里有顺心如愿的道理？再认真遍查考校教内著述，即使能成仙，最后难免一死，并不能摆脱人世间的羁绊。我不愿意让你们把精力置于此事。如果平时保养精神，调理气息，起居规律，穿衣冷暖适当，饮食有所禁忌，吃些补药滋养，达到应尽之年，不致夭折，我也就没有什么可干涉的了。可以适当掌握各种服药的方法，不要因此耽误了其他事务。庾肩吾常服用槐实，到了七十多岁，眼睛还能看清蝇头小字，胡须头发还很黑亮。邺城的朝廷官员有人专门服用杏仁、枸杞、黄精、白术、车前，从中受益很多，不能一一例举。我曾患有牙疼病，牙齿松动欲落，不管是吃冷食还是热食，都疼痛受苦。看了《抱朴子》里固齿的方法，早上起来就轻轻叩碰牙齿三百次；我坚持了几天，牙痛就好了，现在我还坚持这么做。这一类的小方法，不影响干正事，可以学学。凡是想要补药健身，陶弘景的《太清方》中收录的很完备，但是必须慎重挑选，不能草率。最近有个叫王爱州的人，在邺城效仿别人服用松脂，没有节制，结果因肠子堵塞而死。这种因服药失误而受害的例子有很多。

夫养生者先须虑祸，全身保性。有此生然后养之，勿徒养其无生也。单豹养于内而丧外，张毅养于外而丧内，前贤所戒也。嵇康著《养生》之论，而以傲物受刑；石崇冀服饵之征，而以贪溺取祸，往世之所迷也。

【译文】

一个人若想养生，首先必须考虑避免灾祸，保全身心性命，有野生命存在，才谈得上保养它，不至于徒然保养不能生存下去的生命。单豹的身体可以说保养得很好，但不小心被野外的老虎吃掉了；张毅可以说注意了身外的安全，不料却被体内的疾病夺去了生命，这都是前代贤人所戒备提防的。嵇康虽然写过《养生论》，却因为傲慢得罪了权贵而被处死；石崇希望服药能使体魄强健，却因为贪于钱财女色而招致杀身之祸，这都是前人糊涂的例子。

夫生不可不惜，不可苟惜[①]。涉险畏之途，干祸难之事，贪欲以伤生，谗慝[②]而致死，此君子之所惜哉；行诚孝而见贼，履仁义而得罪，丧身以全家，泯躯而济国[③]，君子不咎也。自乱离已来，吾见名臣贤士，临难求生，终为不救，徒取窘辱，令人愤懑。侯景之乱，王公将相，多被戮辱，妃主姬妾，略无全者。唯吴郡太守张嵊[④]，建义不捷，为贼所害，辞色不挠[⑤]；及鄱阳王世子谢夫人，登屋诟怒，见射而毙。夫人，谢遵女也。何贤智操行若此之难？婢妾引决若此之易？悲夫！

【注释】

①苟惜：以不正当手段爱惜。

②慝（tè）：灾害，祸患。

③泯躯：捐躯。济国：利国。对国家作出有益的贡献。

④张嵊：字四山，镇北将军稷子也。曾经领兵讨伐侯景，兵败被杀。

⑤辞色不挠：言辞和神色不屈服。

【译文】

生命不能不爱惜，也不能以非正当手段来爱惜。走上邪恶危险的道路，卷入招致灾祸的事情，贪图欲望的满足而丧生，心存邪念而致死，在这些方面，君子是备感惋惜的；为人忠孝而被害，身行仁义而获罪，牺牲自己的生命而保全家族，捐躯救国，在这些行为上舍弃生命，君子是不会怪罪的。自从梁朝动乱以来，我看到一些有名望的官吏和贤能的文士，面临危难，苟且偷生，最终求生不得，还白白遭受窘迫和侮辱，真叫人气愤。侯景作乱的时候，朝廷的王公将相，大部分都受辱而死，妃嫔、公主、姬妾，几乎没有保全的。只有吴郡太守张嵊，组织义军反抗侯景失败，被逆贼所杀，他的言辞和神色至死都坚定不移。还有鄱阳王世子萧嗣的夫人谢氏，她曾登上房顶怒骂逆贼，最后中箭而死。谢夫人，是谢遵的女儿。为什么那些贤明聪敏之士坚守操行是那样困难，而女子之辈舍身就义反而如此干脆？这真叫人觉得悲哀啊！

归心第十六

三世①之事，信而有征②，家世归心③，勿轻慢也。其间妙旨，具诸经论，不复于此，少能赞述；但惧汝曹犹未牢固，略重劝诱尔。

【注释】

①三世：佛家以过去、现在、未来为三世。

②征：应验，验证。

③归心：心悦诚服地归附。

【译文】

佛教中所说的过去、现在、未来三世之事，是可信并且可以得到验证的，我们家世代一心向佛，你们千万不可轻视侮慢。佛教精妙的要义，都记载在佛教典籍里，我就不再在这里多做赞美转述了；我只怕你们的信佛之心不够坚定，简略重复再对你们进行劝勉诱导。

原夫四尘五荫①，剖析形有；六舟三驾②，运载群生：万行归空，千门入善，辩才智惠，岂徒“七经”、百氏之博哉③？明非尧、舜、周、孔所及也。内外两教，本为一体，渐积为异，深浅不同。内典④初门，设五种禁；外典⑤仁义礼智信，皆与之符。仁者，不杀之禁也；义者，不盗之禁也；礼者，不邪之禁也；智者，不酒之禁也；信者，不妄之禁也。至如畋狩军旅，燕享刑罚，因民之性，不可卒除，就为之节，使不淫滥尔。归周、孔而背释宗，何其迷也！

【注释】

①四尘：佛教语。色、香、味、触的总称。五荫：即五蕴，也是佛教用语，指色、受、想、行、识五者假合而成的身心。

②六舟：即六度，佛教语，又译为“六到彼岸”。指使人由生死之此岸度到涅槃（寂灭）之彼岸的六种法门：布施、持戒、忍

辱、精进、精虑（禅定）、智慧（般若）。三驾：佛教以羊车喻声闻乘，鹿车喻缘觉乘，牛车喻菩萨乘，称三驾。

③ 七经：汉以来历代封建王朝所推崇的七部儒家经典，包括《易》《诗》《书》《仪礼》《春秋》《公羊》《论语》。百氏：即诸子百家。

④ 内典：佛教徒称佛经为内典。

⑤ 外典：佛教徒称佛书以外的典籍为外典。

【译文】

推究“四尘”和“五荫”的道理，辨析世间有形之物奥秘，借助“六度”“三驾”的方法修行，普度众生：佛教有众多的修行方法使人皈依于空，有许多的法门可使人进入善道，有高明辩才及超凡智慧，岂止像儒家七经和诸子百家那样只有广博的学问？佛教的见事之明，也不是尧、舜、周公、孔子所能赶得上的。佛教和儒教本来是一体的，但两者在悟道的方式上和目的上存在差异，所以境界深浅也不相同。佛经的初始阶段，设有五种禁戒；儒家经典所提倡的仁、义、礼、智、信五种德行，是和它相符合的。仁，即不杀生的禁戒；义，是不偷盗的禁戒；礼，是不做奸邪之事的禁戒；智，是不纵酒的禁戒；信，是不妄言的禁戒。至于像狩猎、战争、宴饮、刑罚这一类的，都是人的本性使然，不能仓促废除，只能有所节制，使其不过度泛滥罢了。人们只知道尊崇周、孔，却违背佛家宗旨，这是多么糊涂啊！

俗之谤者，大抵有五：其一，以世界外事及神化无方为迂诞[①]也。其二，以吉凶祸福或未报应为欺诳也。其三，以僧尼行业多不精纯为奸慝[②]也。其四，以糜费金宝减耗课役为损国也。其五，以纵有因缘如报善恶，安能辛苦今日之甲，利益后世之乙乎？为异人也。今并释之于下云。

【注释】

① 迂诞：荒唐远出事理之外。

② 奸慝：奸佞邪恶。

【译文】

俗世诽谤佛教的说法，大致有五种：第一，佛教所说尘世之外的事情以及神通广大到没有极限，这是荒唐虚妄的；第二，吉凶祸福有时未必受到相应的报应，佛教中因果报应之说是一种欺诈蒙骗的伎俩；第三，很多和尚、尼姑的行为不够清白纯洁，佛院寺庙乃藏奸纳垢之地；第四，佛事活动耗费金银财宝，减少税收逃避劳役，这是对国家利益的损害；第五，即使存在因缘之说，如善有善报，恶有恶报，怎么能够让今天的某个人吃尽苦头，却让后世的某个人享受好处呢？这是不同的两个人啊！现在我对上述五种责难一一解释如下。

释一曰：夫遥大之物，宁可度量？今人所知，莫若天地。天为积气，地为积块，日为阳精，月为阴精，星为万物之精，儒家所安也。星有坠落，乃为石矣；精若是石，不得有光，性又质重，何所系属？一星之径，大者百里，一宿首尾，相去数万；百里之物，数万相连，阔狭从斜，常不盈缩。又星与日月，形色同尔，但以大小为其等差；然而日月又当石也？石既牢密，乌兔[①]焉容？石在气中，岂能独运？日月星辰，若皆是气，气体轻浮，当与天合，往来环转，不得错违，其间迟疾，理宜一等；何故日月五星二十八宿[②]，各有度数，移动不均？宁当气坠，忽变为石？地既滓浊，法应沉厚，凿土得泉，乃浮水上；积水之下，复有何物？江河百谷，从何处生？东流到海，何为不溢？归塘尾闾[③]，渫[④]何所到？沃焦之石，何气所然？潮汐去还，谁所节度？天汉悬指[⑤]，那不散落？水性就下，何故上腾？天地初开，便有星宿；九州未划，列国未分，翦疆区野[⑥]，若为躔次[⑦]？封建[⑧]已来，谁所制割？国有增减，星无进退，灾祥祸福，就中不差；乾象之大，列星之伙，何为分野，止系中国？昴为旄头，匈奴之次；西胡、东越，雕题、交趾，独弃之乎？以此而求，迄无了者，岂得以人事寻常，抑必宇宙外也？

【注释】

① 乌兔：神话说日中有三足金乌，月中有玉兔，故以“乌兔”指日月。

② 五星：指水、木、金、火、土五大行星。二十八宿：我国古代天文学家把周天黄道（太阳和月亮所经天区）的恒星分成的二十八个星座。东方有角、亢、氐、房、心、尾、箕；北方有斗、牛、女、虚、危、室、壁；西方有奎、娄、胃、昴、毕、觜、参；南方有井、鬼、柳、星、张、翼、轸。

③ 归塘：也称“归墟”，传说为海中无底之谷，是众水汇聚之处。尾间：古代传说中泄海水之处。

④ 渫（xiè）：泄漏。

⑤ 天汉：天河，银河。悬指：指定向悬挂。

⑥ 区野：分野。

⑦ 躔（chán）次：日月星辰在运行轨道上的位次。

⑧ 封建：封邦建国。

【译文】

对于第一种指责的解释：长远宽大的东西，怎么能够测量？现在人们所了解的事物，没有什么比得上天和地的。天由气体聚结而成，地由土块堆积而成，太阳是阳刚之气的精华凝聚，月亮是阴柔之气的精华凝聚，星辰是宇宙万物的精华凝聚，这是儒家所认同的理论。星星陨落到地面上，原来是石头；精华若是石头，就不会有光亮，况且石头自身有重量，又靠什么使其悬挂在天上的呢？一颗星的直径，大的约有百里多长，一个星宿，从头到尾相隔数万里；百里长的物体，相隔万里绵延相连，它们之间的形状宽窄纵横排列都有一定的规律，一般不会变化。再说星辰和日月相比，形状和颜色都相同，只是以体积大小来作为等级区分，要是这样的话，那太阳和月亮也是石头么？石头的特性坚固牢密，太阳里的金乌和月亮中的玉兔又怎么容于其中呢？石头在气体之中悬浮，怎么能够独立运转？日月星辰如果都是气体，那么气体轻飘，应当与天空合为一体，来回循环运转，不可能互相错位，它们运行的节奏，从道理上说应该是一致的；但为何日月以及五星和二十八宿各有一定的位置，运行速度不一致呢？难道是气体一旦下坠就变成石头？大地既然是泥土所聚集而成，按理说应当沉重厚实，可是往深挖掘土地能够挖到泉水，这说明大地是浮在水上的；那么聚集的流水下面又是什么东西呢？长江黄河以及众多的河流从何处发源？江河水都向东流入大海，海水为什么不会外溢？传说中水都流向“归塘”和“尾闾”，那么其中的水又归于何处呢？如果说海水都被沃焦山的石头蒸发了，那么又是什么气体使石头燃烧的呢？海水的潮汐涨落，又是谁在调控？银河悬挂在空中，为什么不会散落下来？水的特性是从高流向低，又是什么原因使它升到天上？天地初开的时候，就有了星宿；当时尚未划分九州分封列国，这些星宿划断疆界，区别地域，又如何为它们在运行轨道上安排相应的位次？自从封土列侯以来，又是谁在操纵这些事呢？国家有增有减，而星辰的位置却没有变化，人间的吉凶祸福都依旧发生，并无偏差；天象这样大，星辰如此多，为什么星宿划分的州郡疆野只限于中原地区呢？被称为旄头的昴星是对应匈奴的疆域，同是少数民族的西胡、东越、雕题、交趾，这些地区就要抛弃不管了么？这样的问题要是探求起来是没完没了的，又怎能以人间事物的普通道理去解释宇宙之外的现象呢？

凡人之信，唯耳与目；耳目之外，咸致疑焉。儒家说天，自有数义：或浑或盖，乍宣乍安。斗极[①]所周，管维[②]所属，若所亲见，不容不同；若所测量，宁足依据？何故信凡人之臆说，迷大圣之妙旨，而欲必无恒沙世界、微尘数劫也[③]？而邹衍亦有九州之谈。山中人不信有鱼大如木，海上人不信有木大如鱼；汉武不信弦胶[④]，魏文不信火布[⑤]；胡人见锦，不信有虫食树吐丝所成；昔在江南，不信有千人毡帐，及来河北，不信有二万斛船：皆实验也。

【注释】

①斗极：北斗星与北极星。

② 管维：亦作“筦维”，斗枢，古人指天宇所据以运转的枢纽。

③ 恒沙：即“恒河沙数”，佛教指数量多得无法计算。微尘：佛教语，指极细小的物质。色体极小者称极尘，七倍极尘曰“微尘”。

④ 弦胶：即续弦胶。古代传说西海之中有凤麟洲，仙家以凤喙及麟角合煎作胶，谓之续弦胶，又名集弦胶、连金泥。可粘合刀剑等兵器的断折处。

⑤ 火布：即火浣布。

【译文】

凡是人们愿意相信的都是自己耳朵所听眼睛所见的；凡是耳闻目睹之外的都不肯相信。儒家对天的研究，有好几种理论：有浑天说，有盖天说，有宣夜说，有安天说。北斗星和北极星的转动，是依靠斗枢为枢纽，若是亲眼所见就不会有不同的说法；若是揣测，又怎么能够作为依据呢？人们为什么相信普通人的主观猜想，而怀疑佛祖的精妙教义，不相信有像恒河沙子那样多的世界，不相信微尘也曾经历过多次劫数呢？况且，邹衍早就提出过中国之外还有九州的说法。生活在山里的人不相信有树那样大的鱼，生活在海边的人不相信有鱼那样大的树；汉武帝不相信世界上有续弦胶，魏文帝不相信有火浣布，胡人看见锦缎，不相信那是用吃树叶的虫子所吐的丝织成的；从前我在江南的时候，不相信有可以容纳千人的毡帐，等到了黄河以北的地区之后，又发现这里的人不相信有可容纳两万斛货物的大船：这些都是确有其事的啊。

世有祝师[①]及诸幻术，犹能履火蹈刃，种瓜移井，倏忽之间，十变五化。人力所为，尚能如此；何况神通感应，不可思量，千里宝幢[②]，百由旬[③]座，化成净土，踊[④]出妙塔乎？

【注释】

① 祝师：能用符咒变物的巫师。

②宝幢（chuáng）：即经幢，刻有佛号或经咒的石柱。

③由旬：古印度计程单位。一由旬的长度，我国古有八十里、六十里、四十里等诸说。

④踊：涌现，冒出。

【译文】

世上有巫师和懂得各种法术的人，他们能够穿火而行，踩刃而过，能够种下一粒瓜籽立即长成果实，甚至可以随意移动一口水井，瞬息之间，生出各种变化。人的力量，尚且能够如此，何况神仙的本领，简直不可思议，谁又能相信佛前那高达千里的幢旗、宽达数千里的莲座、能够变化出佛教极乐世界的奇妙宝塔，是刹那间从地下冒出来的呢？

释二曰：夫信谤之征，有如影响；耳闻目见，其事已多，或乃精诚不深，业缘①未感，时傥差阑②，终当获报耳。善恶之行，祸福所归。九流百氏，皆同此论，岂独释典为虚妄乎？项橐、颜回之短折③，伯夷④、原宪之冻馁，盗跖⑤、庄蹻之福寿，齐景、桓魋之富强⑥，若引之先业，冀以后生，更为通耳。如以行善而偶钟祸报，为恶而傥值福征，便生怨尤，即为欺诡⑦；则亦尧、舜之云虚，周、孔之不实也，又欲安所依信而立身乎？

【注释】

①业缘：佛教语。谓苦乐皆为业力而起，故称为“业缘”。

②差阑：略迟，较晚。

③项橐（tuó）：古代的神童。颜回：孔子的学生，早亡。短折：夭折，早死。

④伯夷：古代的贤者，义不食周粟，饿死在首阳山下。

⑤盗跖（zhí）：相传是黄帝时的大盗之名，春秋时期柳下惠的弟弟为天下大盗，所以世人称他为“盗跖”。

⑥齐景：齐景公。桓魋（tuí）：春秋时期宋司马向魋，因是宋桓公之后，故称“桓魋”，他对孔子很不友好。

⑦欺诡：即欺诈。

【译文】

对于第二种指责的解释：我相信你们所指责的因果报应之说是能加以验证的，这就像影子跟随形体，回响伴着声音一样明白无误；我所耳闻目睹的这类事情，已经有很多了。有的时候可能是因为诚意不够，缘分未到，报应可能会较迟，但最终还是会得到报应的，只是时间的早晚问题。一个人是行善还是积恶，注定了他是招致灾祸还是获得福报。九流百家各个学派都认同这一说法，难道只有佛教典籍是虚妄的么？项橐、颜回的短命早死，伯夷、原宪的忍饥受冻，盗跖、庄跻的幸福长寿，齐景公、桓魋的富足强大，若把这些看成是他们的前身行善或作恶积下的福祸，报应在后人身上，这就可以讲得通了。如果因为行善而偶然招致灾祸，作恶之后又意外得到好处，从而心生怨恨责怪，认为因果报应是对人的欺诈蒙骗，这也就是说尧、舜的事迹都是虚假的，周公、孔子的学说也是不诚实的。那么又要相信什么，依靠什么信念来立身处世呢？

释三曰：开辟已来，不善人多而善人少，何由悉责其精洁[①]乎？见有名僧高行，弃而不说；若睹凡僧流俗，便生非毁。且学者之不勤，岂教者之为过？俗僧之学经律，何异士人之学《诗》《礼》？以《诗》《礼》之教，格朝廷之人，略无全行者；以经律之禁，格出家之辈，而独责无犯哉？且阙行[②]之臣，犹求禄位；毁禁之侣，何惭供养乎？其于戒行，自当有犯。一披法服，已堕僧数，岁中所计，斋讲诵持，比诸白衣[③]，犹不啻山海也。

【注释】

①精洁：清白纯洁。

②阙行：道德修养上有过错。

③白衣：指俗家人。佛教徒身着缁衣，故俗家为“白衣”。

【译文】

对于第三种指责的解释：自从开天辟地以来，不善良的人多而善良的人少，怎么可以要求每一个僧尼都清白高尚呢？看见名僧高尚的德行，搁在一旁不说；但只要见到凡庸僧人伤风败俗，就抨击诋毁。况且，学习的人不勤勉，难道是教育者的过错？普通僧尼学习佛经，跟士人学习《诗经》《礼记》有什么两样？用《诗经》《礼记》中所要求的标准去衡量朝廷中的大臣官员，恐怕没有几个是符合标准的；用佛经的戒律衡量出家人，怎么能唯独要求他们不犯过错呢？行为有过失的官员，还依然能拥有高官厚禄；犯了禁律的僧尼，接受供养又有什么可惭愧的呢？对于所规定的戒律规范，人们难免会有所触犯。出家人一披上法衣，就算加入了僧侣的行业，一年到头所做的事情，就是吃斋念佛，诵经修行，与世俗之人的德行修养相比，其差距远胜过高山与深海。

释四曰：内教多途，出家自是其一法耳。若能诚孝在心，仁惠为本，须达、流水[①]，不必剃落须发；岂令罄井田而起塔庙，穷编户以为僧尼也？皆由为政不能节之，遂使非法之寺，妨民稼穑，无业之僧，空国赋算，非大觉之本旨也。抑又论之：求道者，身计也；惜费者，国谋也。身计国谋，不可两遂。诚臣徇主而弃亲，孝子安家而忘国，各有行也。儒有不屈王侯高尚其事，隐有让王辞相避世山林；安可计其赋役，以为罪人？若能偕化黔首[②]，悉入道场[③]，如妙乐之世，穰佉[④]之国，则有自然稻米，无尽宝藏，安求田蚕[⑤]之利乎？

【注释】

①须达：又称“须达多”，意译为“善与”“善给”“善授”等。流水：即流水长者。

②黔（qián）首：平民、老百姓。

③道场：佛寺。

④穰佉（ráng qū）：印度古代神话中的国王名，即转轮王。

⑤田蚕：指植桑养蚕等事务，泛指农桑。

【译文】

对于第四种指责的解释：信奉佛教修行的方式有很多，出家不过是其中一种。如果心中有忠诚孝道，能以仁爱施惠为立身之本，就像须达和流水两位长者那样，是不必非要剃须落发出家为僧的；哪能把所有的田地都用来建造宝塔和寺庙，让所有的百姓都做僧尼呢？都是因为执政者不能合理地节制佛事，才出现大量非法的寺庙，妨碍百姓的耕种，不事生计的僧尼空享国家的赋税，这并非佛教求世的本意。或者也可以这样说：信佛求道是为自身打算；节省费用是为国家打算。为自身打算和为国家打算，二者不能两全。这就像是忠臣献身君主而不能奉养双亲，孝子安定家庭而忽略了为国家尽义务，各有不同的行为准则。儒家当中有不肯屈身侍奉王侯而高自标榜的人，隐士当中有辞让王爵相位远离人世的；哪能再计算他们本该承担的赋税徭役，并认定他们是逃避徭役的罪人呢？如果能够将百姓全部感化，使他们信奉佛教，皈依空门，去往佛经中的极乐之地、禳佉之国，那里有自然生长的稻米，用不完的宝藏，哪还用追求现实中种田养蚕的利益呢？

释五曰：形体虽死，精神犹存。人生在世，望于后身似不相属；及其殁[①]后，则与前身似犹老少朝夕耳。世有魂神，示现梦想，或降童妾，或感妻孥，求索饮食，征须福佑[②]，亦为不少矣。今人贫贱疾苦，莫不怨尤前世不修功业；以此而论，安可不为之作地乎？夫有子孙，自是天地间一苍生耳，何预身事？而乃爱护，遗其基址[③]，况于己之神爽[④]，顿欲弃之哉？凡夫蒙蔽，不见未来，故言彼生与今非一体耳；若有天眼，鉴其念念随灭，生生不断，岂可不怖畏[⑤]邪？又君子处世，贵能克己复礼[⑥]，济时益物。治家者欲一家之庆，治国者欲一国之良，仆妾臣民，与身竟何亲也，而为勤苦修德乎？亦是尧、舜、周、孔虚失愉乐耳。一人修道，济度几许苍生？免脱几身罪累？幸熟思之！汝曹若观俗计，树立门户，不弃妻子，未能出家；但当兼修戒行，留心诵读，以为来世津梁[⑦]。人生难得，无虚过也。

【注释】

①殁（mò）：死，去世。

②福佑：赐福保佑。

③基址：建筑物的地基、基础，比喻事业的根基、根本。

④神爽：指神魂、心神。

⑤怖畏：恐惧。

⑥克己复礼：约束自我，使言行合乎先王之礼。

⑦津梁：桥梁。

【译文】

对于第五种指责的解释：人的肉体虽然死亡，但精神仍然存在。一个人活在世上，看上去和他的来世似乎没有关系，等到他死后，才发现自己与前世的关系就好像一个人的老年与少年、一天中的晚上与早晨一样密切。世上有死人的灵魂托梦给活人的现象，或者托梦给他生前的僮仆侍妾，或者托梦给他的妻子儿女，向他们索要饮食，求福保佑，这类事是不少的。现在的人每当遇到贫贱疾苦，没有不埋怨前世不修功业的。从这一点来说，怎么可以不早修功业为自己的来世留有余地呢？一个人有子有孙，这些子孙自然是天地间的平民百姓，但他们与自己有什么关系呢？然而人们却非常爱自己的子孙，还把自己的房产基业留给他们，可是对于自己死后的灵魂，难道就要轻易抛弃吗？那些凡夫俗子目光短浅，看不到未来之事，所以他们说人的来世与今生不是同一个人。如果能有一双透视未来的天眼，就可以看到自己的生命在极短的时间内由生到死又由死到生这一生死轮回连续不断的过程，他难道不感到恐惧吗？而且君子活在世上，贵在能够克制自己，言行合乎礼仪，匡时救世，有益他人。治理家庭的人希望全家幸福，治理国家的人希望国家昌盛，而家庭的奴仆侍妾，国家的臣子百姓，与自己有什么亲密关系，值得这样为他们辛辛苦苦地操持劳累呢？如此看来，尧、舜、周公、孔子也是白白地失去了自己的快乐啊！一个人修身求道，能够救济和超度多少黎民百姓？能够避免和解脱几个人的罪孽？希望慎重考虑！你们如果从世俗的责任出发，想让家门兴旺，不抛弃妻子儿女，以至不能出家为僧，但也应该同时修习佛门戒律，留心诵读佛经，以此作为通往来世幸福的桥梁。人生难得，不要虚度啊！

儒家君子，尚离庖厨[①]，见其生不忍其死，闻其声不食其肉。高柴、折像，未知内教，皆能不杀，此乃仁者自然用心。含生[②]之徒，莫不爱命；去杀之事，必勉行之。好杀之人，临死报验，子孙殃祸，其数甚多，不能悉录耳，且示数条于末。

【注释】

①庖厨：厨房。

②含生：一切有生命者，多指人类。

【译文】

儒家的君子，主张远离厨房，不忍心见到活的生物被杀死；听到它们被宰杀时的惨叫，就不忍心吃它们的肉。高柴、折像二人，不了解佛教教义，却都能做到不杀生，这是仁慈之人天生的本性。一切生灵，没有不爱惜自己生命的；所以要尽力使自己避开杀生之事。喜欢杀生的人，死时会遭到报应的，还会祸及子孙，这类的例子有很多，我不能一一记录，姑且举几个例子列在本文的末尾。

梁世有人，常以鸡卵白和沐[①]，云使发光，每沐辄二三十枚。临死，发中但闻啾啾数千鸡雏声。

【注释】

①沐：洗头。

【译文】

梁朝有个人，经常用鸡蛋清来洗头，说如此能使头发有光泽，每次洗头就需要二三十个鸡蛋。结果他临死的时候，只听到头发里传来几千只雏鸡的啾啾鸣叫声。

江陵刘氏，以卖鳝羹为业。后生一儿头是鳝，自颈以下，方为人耳。

【译文】

江陵有个姓刘的人，靠卖鳝鱼羹为生。后来生了一个孩子，头是鳝鱼的模样，从脖子往下才是人形。

王克为永嘉郡守，有人饷[①]羊，集宾欲宴。而羊绳解，来投一客，先跪两拜，便入衣中。此客竟不言之，固无救请。须臾，宰羊为羹，先行至客。一脔入口，便下皮内，周行遍体，痛楚号叫，方复说之。遂作羊鸣而死。

【注释】

① 饷（xiǎng）：赠送。

【译文】

王克任永嘉郡守时，有人送给他一只羊，他于是召集了许多客人准备设宴饮酒。那只羊挣脱了绳子，跑到一位客人面前，先跪下拜了两拜，然后钻进了他的衣服里。那位客人居然不吭声，更没有为了救这只羊而向主人求情。过了一会儿，羊被杀了煮成肉汤，先送到那位客人面前。他一块肉刚入口，便觉得那肉窜入皮内，在自己全身内运行，他痛得大声号叫，才说起刚才的事。最后发出像羊一样的叫声，就死了。

梁孝元在江州时，有人为望蔡县令，经刘敬躬乱，县廨[①]被焚，寄寺而住。民将牛酒作礼，县令以牛系刹柱[②]，屏除形像，铺设床坐，于堂上接宾。未杀之顷，牛解，径来至阶而拜，县令大笑，命左右宰之。饮啖[③]醉饱，便卧檐下。稍醒而觉体痒，爬搔隐疹[④]，因尔成癞[⑤]，十许年死。

【注释】

① 廨（xiè）：官舍，官署。

② 刹（chà）柱：佛教语，指寺前的幡竿。

③ 啖（dàn）：食，吃。

④ 隐疹：皮肤上起的小疙瘩。

⑤ 癞：恶疮，顽癣，麻风。

【译文】

梁孝元帝在江州时，有个人在望蔡县做县令，当时该县刚刚经历了刘敬躬之乱，县衙被烧毁，县令被迫寄住在一座寺庙中。当地百姓送来牛和酒作为礼物，县令把牛拴在寺庙的柱子上，并搬开佛像，铺上床铺和桌凳，要在佛堂上招待宾客。那头牛挣脱了绳子，跑到台阶前向县令跪拜求情，县令大笑，命令手下人把牛杀掉。那县令酒足饭饱之后，躺在屋檐下睡觉。一会儿醒来就觉得浑身发痒，用手抓挠，因此发展成癞疾，十多年后死去。

杨思达为西阳郡守，值侯景乱，时复旱俭，饥民盗田中麦。思达遣一部曲[①]守视，所得盗者，辄截手腕，凡戮十余人。部曲后生一男，自然无手。

【注释】

① 部曲：部属，部下。

【译文】

杨思达任西阳郡太守的时候，正赶上侯景之乱，又遇到旱灾，饥民盗窃田里的麦子。杨思达就派了一位部下去看守麦田，抓住偷麦子的人，就砍掉他的手腕，一共砍了十几个人。这个部下后来生了一个儿子，结果生下来就没有手腕。

齐有一奉朝请[①]，家甚豪侈，非手杀牛，啖之不美。年三十许，病笃[②]，大见牛来，举体如被刀刺，叫呼而终。

【注释】

① 奉朝（cháo）请：官名，古代诸侯春季朝见天子叫朝，秋季朝见为请。因称定期参加朝会的官员为奉朝请。

② 病笃：病势沉重。

【译文】

齐朝有一个朝中大臣，家中非常豪华奢侈，不是自己亲手杀的牛，他吃起来就感觉没有味道。这位官员活到三十多岁，得了重病，就看见很多牛朝他奔来，全身像刀割般疼痛，最后呼叫着死去。

江陵高伟，随吾入齐，凡数年，向幽州淀中捕鱼。后病，每见群鱼啮之而死。

【译文】

江陵人高伟，跟随我一同到了齐国，几年来，一直在幽州的湖泊中捕鱼。后来他生了病，经常看见成群结队的鱼前来咬他，不久就死了。

世有痴人，不识仁义，不知富贵并由天命。为子娶妇，恨其生资①不足，倚作舅姑之尊，蛇虺其性，毒口加诬，不识忌讳，骂辱妇之父母，却成教妇不孝己身，不顾他恨。但怜己之子女，不爱己之儿妇。如此之人，阴②纪其过，鬼夺其算③。慎不可与为邻，何况交结乎？避之哉！

【注释】

①生资：指嫁妆。

②阴：阴曹地府，借指鬼神。

③算：寿命。

【译文】

世上有一种愚蠢的人，不懂得仁义，也不知道富贵都是由天命注定。给儿子娶媳妇，怨恨媳妇的嫁妆太少，倚仗着自己为人公婆的尊贵身份，以其毒蛇般的心性，对儿媳妇恶意辱骂，不懂忌讳，甚至谩骂侮辱儿媳妇的父母，这反而造成媳妇不孝敬自己，也不考虑她心里的怨恨。只知道疼爱自己的子女，不知道爱护自己的儿媳。像这种人，阴司会把他的罪过记录下来，鬼神也会剥夺他的寿命。千万不可以和这种人做邻居，更何况与他交朋友呢？还是躲他们远点吧！

书证第十七

《诗》云："参差荇菜[1]。"《尔雅》云："荇，接余也。"字或为"莕"。先儒解释皆云："水草，圆叶细茎，随水浅深。今是水悉有之，黄花似莼，江南俗亦呼为'猪莼'，或呼为'荇菜'。"刘芳具有注释[2]。而河北俗人多不识之，博士皆以参差者是苋菜[3]，呼"人苋"为"人荇"，亦可笑之甚。

【注释】

① 荇（xìng）菜：多年生水生草本植物，叶对生，圆形，嫩时可食，亦可入药，睡莲科，初夏开黄色小花。

② 刘芳：字伯文，北魏彭城人，曾撰《毛诗笺音义证》十卷。事见《魏书·列传第四十三》。具：写，撰写。

③ 苋（xiàn）菜：一年生草本植物。叶对生，卵形或菱形，有绿紫两色。花黄绿色。种子极小，黑而有光泽，嫩苗可作蔬菜。

【译文】

《诗经》说："参差荇菜。"《尔雅》说："荇菜就是接余。""荇"字有时又写成"莕"。前代学者的解释都说：荇菜是一种水草，圆叶细茎，其高低随水的深浅而定，现今凡是水里都生长，开黄花，和莼菜相似，江南民间也把它叫作"猪莼"，也有人把它叫作"荇菜"。刘芳的《毛诗笺音义证》里有注释。可是黄河以北一般人不认识它，博学之士都认为长短不齐的荇菜是苋菜，把"人苋"叫作"人荇"，这也太可笑了。

《诗》云："谁谓荼[1]苦？"《尔雅》《毛诗传》并以荼，苦菜也。又《礼》云："苦菜秀[2]。"案：《易统通卦验玄图》曰："苦菜生于寒秋，更冬历春，得夏乃成。"今中原苦菜则如此也。一名"游冬"，叶似苦苣而细，摘断有白汁，花黄似菊。江南别有苦菜，叶似酸浆，其花或紫或白，子大如珠，熟时或赤或黑，此菜可以释劳[3]。案：郭璞注《尔雅》，此乃"蘵"[4]，黄蒢[⑤]也。今河北谓之“龙葵”[⑥]。梁世讲《礼》者，以此当苦菜；既无宿根[⑦]，至春方生耳，亦大误也。又高诱注《吕氏春秋》曰：“荣而不实曰英[⑧]。”苦菜当言英，益知非龙葵也。

【注释】

①荼（tú）：苦菜。

②秀：植物开花。

③释劳：消除辛劳。

④蘵（zhī）：草名，即龙葵。古人亦误之为苦蘵。

⑤黄蒢（chú）：草名，叶子似酸浆，花小而白，中心黄。

⑥龙葵：一年生草本植物，叶互生，卵形或椭圆形。夏秋间开白花，结浆果，圆球形，熟时紫黑色。有轻毒。全草可供药用，有清热解毒，除湿止痒，消肿生肌的功效。

⑦宿根：某些二年生或多年生草本植物的根，这些植物的茎叶枯萎后可以继续生存，次年春重新发芽，所以叫作宿根。

⑧英：植物开花而不结果实。

【译文】

《诗经》里说：“谁谓荼苦？”《尔雅》和《毛诗传》都解释荼就是苦菜。另外，《礼记》中说：“苦菜秀。”据考证：《易统通卦验玄图》中说：“苦菜长在深秋时节，经过冬天和春天，到夏天才长成。”现在中原地区的苦菜就是如此。它别名“游冬”，叶子好像苦苣但是比苦苣细，掐断后有白汁，花像菊花，是黄色。江南地区另外有一种苦菜，叶子好像酸浆草，它的花或紫色或白色，果实像珠子一般大小，成熟的时候或者为红色或者为黑色，这种菜可以解除疲劳。据考证：郭璞在注《尔雅》时说，这是“蘵”，就是黄蒢。现在黄河以北地区的人称之为“龙葵”。梁朝讲《礼记》的人把龙葵当作苦菜；但这种植物没有隔年生的根，又是在春天才生长，这是个大误解。另外，高诱注的《吕氏春秋》里说：“开花而不结果，叫英。”苦菜应当被称为“英”，由此更加能证明它不是龙葵了。

诫子书

［三国］诸葛亮

夫君子之行，静以修身，俭以养德。非澹泊无以明志，非宁静无以致远。夫学须静也，才须学也。非学无以广才，非志无以成学。淫慢则不能励精，险躁则不能治性。年与时驰，意与日去，遂成枯落，多不接世，悲守穷庐，将复何及！

《诗》云："有杕之杜①。"江南本②并"木"傍施"大"，《传》曰："杕，独貌也。"徐仙民音徒计反。《说文》曰："杕，树貌也。"在"木"部。《韵集》音"次第"之"第"，而河北本皆为"夷狄"之"狄"，读亦如字③，此大误也。

【注释】

① 杕（dì）：树木孤独挺立的样子。杜：即杜梨，也叫棠梨，一种野生梨。

② 本：书的版本。

③ 如字：一字有两个或两个以上读音，依本音读叫"如字"。

【译文】

《诗经》说："有杕之杜。"江南的版本中"杕"字都是"木"字旁边加一个"大"字。《毛传》说："杕，孤独的样子。"徐仙民《毛诗音》的读音是徒计反。《说文》说："杕，树的样子。"收在"木"部。《韵集》读音是"次第"的"第"，可是黄河以北各本都是"夷狄"的"狄"，读音也是"狄"字的本音，这是一个大错误。

《诗》云："駉駉①牡马。"江南书皆作"牝牡"②之"牡"，河北本悉为"放牧"之"牧"。邺下博士见难云："《駉颂》既美僖公牧于坰野③之事，何限騲骘④乎？"余答曰："案：《毛传》云：'駉駉，良马腹干肥张也⑤。'其下又云：'诸侯六闲⑥四种：有良马，戎马，田马，驽马。'若作放牧之意，通于牝牡，则不容限在良马独得'駉駉'之称。良马，天子以驾玉辂⑦，诸侯以充朝聘郊祀⑧，必无騲也。《周礼·圉人职》：'良马，匹一人⑨。驽马，丽一人⑩。'圉人所养，亦非騲也；颂人举其强骏者言之，于义为得也。《易》曰：'良马逐逐⑪。'《左传》云：'以其良马二。'亦精骏之称，非通语也。今以《诗传》良马，通于牧騲，恐失毛生之意，且不见刘芳《义证》乎？"

【注释】

① 駉駉（jiōng）：马肥壮的样子，亦指肥壮之马。

② 牝（pìn）牡：鸟兽的雌性和雄性。

③ 坰（jiōng）野：远郊，野外。

④ 騲（cǎo）：母马。騭（zhì）：公马。

⑤ 干：人和动植物躯体的主干。肥张：肥壮的样子。

⑥ 闲：马厩。

⑦ 玉辂（lù）：古代帝王所乘之车，以玉为饰。

⑧ 朝（cháo）聘：古代诸侯亲自或派使臣按期朝见天子。郊祀（sì）：古代于郊外祭祀天地，南郊祭天，北郊祭地。郊指大祀，祀为群祀。

⑨ 良马，匹一人：意思是每匹良马由一个人来饲养。

⑩ 驽马，丽一人：此处指两匹驽马由一个人饲养。丽，偶，成对。

⑪ 逐逐：极速狂奔的样子。

【译文】

《诗经》里说："駉駉牡马。"江南地区的书中都写作"牝牡"的"牡"，而黄河以北地区的版本都写成"放牧"的"牧"。邺下的博学之士对此诘难说："《駉颂》这首诗既然是赞美鲁僖公野外放牧的事，为什么要限定是公马还是母马呢？"我回答说："根据考证：《毛诗传》里说：'駉駉，形容良马躯干肥壮。'下面又说：'周代诸侯有六个马厩，四种马，包括良马、战马、田马、驽马。'要是解释为放牧的意思，那就是通指公马和母马了，而不能限定只有良马才能得到'駉駉'的美名。良马，天子用它来驾车，诸侯用它来充当朝见天子、在郊外祭祀等活动的工具，它肯定不会是母马。《周礼·圉人职》里说：'良马，每匹由一个人来饲养；驽马，每两匹由一个人来饲养。'圉人所养的马，也不会是母马；颂诗的作者以强骏的马来赞美鲁僖公，是深得其义的。《易》书说：'良马狂奔。'《左传》中说：'赵旃用他的两匹良马……'也是对马强壮骏美的称呼，并不是通称所有马。现在认为《毛诗传》里的良马通指母马和公马，恐怕有失作者毛公的本意，难道没读过刘芳的《毛诗笺音义证》对这个问题的解释吗？"

《月令》云："荔挺出。"郑玄注云："荔挺，马薤[①]也。"

《说文》云："荔，似蒲而小，根可为刷。"《广雅》云："马薤，荔也。"《通俗文》亦云马蔺[②]。《易统通卦验玄图》云："荔挺不出，则国多火灾。"蔡邕《月令章句》云："荔似挺。"高诱注《吕氏春秋》云："荔草挺出也。"然则《月令注》荔挺为草名，误矣。河北平泽率生之[③]。江东颇有此物，人或种于阶庭，但呼为"旱蒲"，故不识马薤。讲《礼》者乃以为马苋；马苋堪食，亦名豚耳，俗名马齿。江陵尝有一僧，面形上广下狭；刘缓幼子民誉，年始数岁，俊晤善体物[④]，见此僧云："面似马苋。"其伯父绍因呼为"荔挺法师"。绍亲讲《礼》名儒，尚误如此。

【注释】

① 马薤（xiè）：植物名，叶子像薤但较薤长厚，像蒲草，因此被称为旱蒲，三月开花，五月结实，根可制刷。

② 马蔺（lìn）：蠡实的别名。多年生草本植物。根茎粗，叶子线形，花蓝色。叶子富于韧性，可用来捆东西，又可造纸，根可制刷。

③ 平泽：平湖，沼泽。率：皆，遍。

④ 俊晤：聪明卓异。体物：描述事物，摹状事物。

【译文】

《月令》说："荔挺出。"郑玄注解释说："荔挺就是马薤。"《说文》说："荔，像蒲草，但比蒲草小，根可以做刷子。"《广雅》说："马薤就是荔。"《通俗文》也叫"马蔺"。《易统通卦验玄图》说："荔草茎儿不长出来，国家就多火灾。"蔡邕的《月令章句》说："荔草茎儿长出。"高诱注的《吕氏春秋》说："荔草茎儿长出。"可是郑玄《月令注》说荔挺为草名，这就错了。黄河以北平坦的水草丛杂之地通常长有荔草。江东也有这种东西，有人把它种在台阶前的地坪上，只是把它叫作"旱蒲"，因而不知道马薤的名字。讲授《礼记》的人竟然把它当作马苋。马苋，可以食用，也叫豚耳，俗名马齿。江陵曾有一僧人，脸形上宽下窄。刘缓的幼子民誉，年龄才几岁，但聪明出众，善于描摹事物的形态，看见这个僧人就说："脸像马苋。"他的伯父刘缙因此称呼僧人为"荔挺法师"。刘缙自己是讲授《礼记》的著名学者，尚且错误到如此地步。

《诗》云："将其来施施[①]。"《毛传》云："施施，难进之意。"郑《笺》云："施施，舒行貌也。"《韩诗》亦重为"施施"。河北《毛诗》皆云"施施"。江南旧本，悉单为"施"，俗遂是之，恐为少误。

【注释】

①施施：徐行的样子。

【译文】

《诗经》里说："将其来施施。"《毛诗传》说："施施，是难以行进的意思。"郑玄的《毛诗传笺》说："施施，舒缓行进的样子。"《韩诗》中也是叠用了"施施"两个字，黄河以北地区的《毛诗传》都作"施施"。江南地区的旧版本《诗经》，都是只写单独一个"施"字，于是一般人都认为这是对的，恐怕是个小的错误。

《诗》云："有渰萋萋，兴云祁祁。"[①]《毛传》云："渰，阴云貌。萋萋，云行貌。祁祁，徐貌也。"《笺》云："古者，阴阳和，风雨时，其来祁祁然，不暴疾也。"案：渰已是阴云，何劳复云"兴云祁祁"耶？"云"当为"雨"，俗写误耳。班固《灵台诗》云："三光宣精[②]，五行布序[③]，习习祥风，祁祁甘雨。"此其证也。

【注释】

①渰（yǎn）：阴云。萋萋：云朵弥漫的样子。祁祁（qí）：舒缓的样子。

②三光：日、月、星辰。宣精：指日月星辰发光。

③五行：水、火、木、金、土。我国古代称构成各种物质的五种元素，古人常以此说明宇宙万物的起源和变化。布序：依次展布。

【译文】

《诗经》说："有渰萋萋，兴云祁祁。"《毛诗传》说："渰，阴云密布的样子。萋萋，云彩移动的样子。祁祁，缓慢的样子。"《郑笺》说："古时候，阴阳调和，风雨按时而至，来到时是缓慢的，不突然不迅猛。"按："渰"已经是阴云的意思了，何必不厌其烦地再说"兴云祁祁"呢？"云"应该写作"雨"，俗本写错了。班固的《灵台诗》说："三光宣精，五行布序，习习祥风，祁祁甘雨。"这就是"云"应当作为"雨"的证据。

《礼》云："定犹豫，决嫌疑。"《离骚》曰："心犹豫而狐疑。"先儒未有释者。案：《尸子》曰："五尺犬为犹。"《说文》云："陇西谓犬子为犹。"吾以为人将犬行，犬好豫[①]在人前，待人不得，又来迎候，如此往返，至于终日，斯乃"豫"之所以为未定也，故称"犹豫"。或以《尔雅》曰："犹如麂[②]，善登木。"犹，兽名也，既闻人声，乃豫缘木[③]，如此上下，故称"犹豫"。狐之为兽，又多猜疑，故听河冰无流水声，然后敢渡。今俗云："狐疑，虎卜[④]。"则其义也。

【注释】

①豫：事先，预先。

②麂（jǐ）：一种小型的鹿，雄性有长牙和短角，腿细而有力，善于跳跃。

③缘木：爬树。

④虎卜：一种古代占卜方法。

【译文】

《礼记》里说："定犹豫，决嫌疑。"《离骚》中说："心犹豫而狐疑。"前代学者对此都没有解释。据考证，《尸子》中说："五尺长的狗称作犹。"《说文解字》中说："陇西地区把狗的幼崽叫作犹。"我认为人带着狗前行的时候，狗喜欢先跑在人的前面，等人等不来，又跑回来迎候，像这样跑来跑去，整天如此，这就是“豫”之所以表示游移不定的缘故，所以才说“犹豫”。有人认为《尔雅》说：“犹，形状像麂，善于攀爬树木。”犹是动物的名字，它听到人的声音就会预先爬到树上，这样上上下下，因此称为“犹豫”。狐狸是一种野兽，生性多疑，所以过河时，听到结冰的河里没有流水声之后才敢渡河。现在有句俗语说：“狐性多疑，老虎会占卜。”就是这个意思。

《左传》曰：“齐侯痎[①]，遂痁[②]。”《说文》云：“痎，二日一发之疟[③]。痁，有热疟也。”案：齐侯之病，本是间日一发，渐加重乎故，为诸侯忧也。今北方犹呼“痎疟”，音“皆”。而世间传本多以“痎”为“疥”[④]，杜征南亦无解释，徐仙民音“介”，俗儒就为通云：“病疥，令人恶寒，变而成疟。”此臆说也。疥癣小疾，何足可论，宁有患疥转作疟乎？

【注释】

①痎（jiē）：隔日发作的疟疾。

②痁（shān）：伴随着发热的疟病。

③疟（nuè）：一种急性传染病。

④疥（jiè）：一种皮肤病，又称疥癣。

【译文】

《左传》里说：“齐侯得了痎病，后来转成了痁病。”《说文解字》中说：“痎，两日发作一次的疟疾。痁，是有热无寒的疟疾。”据考证：齐侯的病本来是隔日发作一次，逐渐加重，才为诸侯所忧虑。现在北方地区仍然说“痎疟”，读作“皆”。然而世间的传本大多认为“痎”是“疥”，杜预对此也没有解释，徐仙民把“痎”注作读“介”，浅薄的学者就把它解释成：“得了疥病，使人畏寒，转而变成疟疾。”这是主观猜测的说法。疥癣这样的小病，哪里值得谈论，又哪有得了疥这种皮肤病而转成疟疾的呢？

《尚书》曰：“惟影响[①]。”《周礼》云：“土圭[②]测影，影朝影夕。”《孟子》曰：“图影失形。”《庄子》云：“罔两[③]问影。”

如此等字，皆当为“光景”之“景”。凡阴景[④]者，因光而生，故即谓为“景”。《淮南子》呼为“景柱”，《广雅》云：“晷柱[⑤]挂景。”并是也。至晋世葛洪《字苑》，傍始加“彡”，音于景反。而世间辄改治《尚书》《周礼》《庄》《孟》从葛洪[⑥]字，甚为失矣。

【注释】

① 影响：影子和回声。多用以形容感应迅捷。

② 土圭（guī）：古代用以测日影、正四时和测度土地的器具。

③ 罔（wǎng）两：影子边缘的淡薄阴影。

④ 阴景：阴影。

⑤ 晷（guǐ）柱：即晷表，日晷上测量日影的标竿。

⑥ 葛洪：东晋人，崇信道教，著有《抱朴子》《字苑》等书。

【译文】

《尚书》说：“惟影响。”《周礼》说：“土圭测影，影朝影夕。”《孟子》说：“图影失形。”《庄子》说：“罔两问影。”像这些“影”字，都应该写作“光景”的“景”。凡是阴景（影），都是因光照才出现，所以就写作“景”。《淮南子》称之为“景柱”，《广雅》说“晷柱挂景”，都是如此。到了晋代葛洪著《字苑》，“景”字旁边才加上“彡”，读音是于景反。可世上的人就立即依从葛洪《字苑》中的“影”字改正《尚书》《周礼》《庄子》《孟子》中的“景”字，这是个很大的失误。

太公《六韬》，有天陈、地陈、人陈、云鸟之陈[①]。《论语》曰：“卫灵公问陈于孔子。”《左传》：“为鱼丽[②]之陈。”俗本多作“阜”傍“车乘”之“车”。案诸陈队，并作“陈、郑”之“陈”。夫行陈之义，取于陈列耳，此六书为假借也[③]，《苍》《雅》及近世字书，皆无别字；唯王羲之《小学章》，独“阜”傍作“车”，纵复俗行，不宜追改《六韬》《论语》《左传》也。

【注释】

① 陈（zhèn）：同“阵”，军伍行列，战斗队形。

②鱼丽：古代战阵名。

③六书：古人分析汉字造字的理论，包括象形、指事、会意、形声、转注、假借。假借：六书的一种，谓本无其字而依声托事。

【译文】

姜太公的《六韬》里，说到天陈、地陈、人陈、云鸟之陈。《论语·卫灵公》里说："卫灵公问陈于孔子。"《左传·桓公五年》里有"为鱼丽之陈"的话。一般流传的俗本大多数是将以上几个"陈"字，写作"阝"偏旁加上"车乘"的"车"即"阵"字。据考查，表示各种军队陈列队伍的"陈"，都写作"陈、郑"的"陈"字。所以叫行陈，是取义于陈列，将"陈"写作"阵"，这在六书中属于假借法。《苍颉篇》《尔雅》和近代的字书，"陈"都没有写成别的字，只有王羲之的《小学章》是将"陈"字写作"阝"旁加上"车"字，成了"阵"字。即使今人流俗通行这种写法，也不该反过来改动《六韬》《论语》《左传》等古书啊。

《诗》云："黄鸟于飞，集于灌木。"《传》云："灌木，丛木也。"此乃《尔雅》之文，故李巡注曰："木丛生曰灌。"《尔雅》末章又云："木族生为灌。"族亦丛聚也。所以江南《诗》古本皆为"丛聚"之"丛"，而古"丛"字似"冣"[①]字，近世儒生，因改为"冣"，解云："木之冣高长者。"案：众家《尔雅》及解《诗》无言此者，唯周续之《毛诗注》，音为徂会反，刘昌宗《诗注》，音为在公反，又祖会反：皆为穿凿，失《尔雅》训也。

【注释】

①冣（zuì）："最"的古字。

【译文】

《诗经》里说："黄雀来回飞舞，栖息在丛生的灌木上。"《毛诗传》中说："灌木，就是丛木。"这是《尔雅》里面的解释，所以李巡注释的《尔雅》中说："树木丛生称为灌。"《尔雅》中这一解释的最末又说："树木族生就是灌。"族，也就是丛聚的意思。所以江南地区《诗经》的古版本都把"灌"写成"丛聚"的

“丛”，而古“丛”字的字形像“取”，近代的学者因此就把“丛”字改成“取”字，并且解释成：“树木中长得最高大的。”据考证，各家研究的《尔雅》和注释《诗经》的都没有这样提的，只有周续之的《毛诗注》把这个字的音注成徂会反，刘昌宗的《诗注》，给它注的音是在公反，也作祖会反：这些都是牵强附会的说法，违背了《尔雅》的注释。

“也”是语已①及助句之辞，文籍备有之矣。河北经传，悉略此字，其间字有不可得无者，至如“伯也执殳②”，“于旅③也语”，“回也屡空”④，“风⑤，风也，教也”，及《诗传》云：“不戢⑥，戢也；不傩⑦，傩也。”“不多，多也。”如斯之类，傥⑧削此文，颇成废阙⑨。《诗》言：“青青子衿。”《传》曰：“青衿，青领也，学子之服。”按：古者，斜领下连于衿⑩，故谓领为“衿”。孙炎、郭璞注《尔雅》，曹大家⑪注《列女传》，并云：“衿，交领也。”邺下《诗》本，既无“也”字，群儒因谬说云：“青衿、青领，是衣两处之名，皆以青为饰。”用释“青青”二字，其失大矣！又有俗学，闻经传中时须“也”字，辄以意加之，每不得所，益成可笑。

【注释】

①语已：即语尾。

②殳（shū）：古代的一种兵器，以竹或木制成，八棱，顶端装有圆筒形金属，无刃，也有装金属刺球，顶端带矛的，多用作仪仗。

③旅：次序。

④回：颜回。屡空：经常贫困，谓贫穷无财。

⑤风：风教，教化。

⑥不戢（jí）：不检束，放纵。

⑦傩（nuó）：难。

⑧傥：倘若，假如，表示假设。

⑨废阙：指缺漏。

⑩ 衿（jīn）：古代衣服的交领。

⑪ 曹大家（gū）：即汉代人班昭。家，通“姑”，大家，古代对女子的尊称。

【译文】

“也”字是用在语句末尾做语气词或在句中做助词，文章典籍常用这个字。北方的经书传本中大都省略“也”字，而其中有的“也”字是不能省略的，比如像“伯也执殳”，“于旅也语”，“回也屡空”，“风，风也，教也”，以及《毛诗传》说：“不戢，戢也；不傩，傩也。”“不多，多也。”诸如此类的句子，倘若省略了“也”字，就成了废文缺文了。《诗·郑风·子衿》有“青青子衿”之句，《毛诗传》解释说：“青衿，青领也，学子之服。”据考证：在古代，斜的领子下面连着衣襟，所以将领子称作“衿”。孙炎、郭璞注解《尔雅》，曹大家班昭注解《列女传》，都说：“衿，交领也。”邺下的《诗经》传本，就没有“也”字，许多儒生因而错误地认为“青衿，青领，是指衣服的两个部分的名称，都用‘青’字来形容。”这样理解“青青”两个字，实际上是大错特错。还有一些平庸的学子，听说《诗经》传注中常要补上“也”字，就随意添补，常常补充得不是地方，实在是可笑。

《易》有蜀才注，江南学士，遂不知是何人。王俭《四部目录》，不言姓名，题云：“王弼后人。”谢炅、夏侯该，并读数千卷书，皆疑是谯周；而《李蜀书》，一名《汉之书》，云：“姓范名长生，自称蜀才。”南方以晋家渡江后，北间传记，皆名为“伪书”，不贵省读，故不见也。

【译文】

《易经》有江南学士蜀才的注本，江南地区的学者都不知道他是什么人。王俭的《四部目录》中没有说他的姓名，只写着：“他是王弼的后人。”谢炅、夏侯该，都是博览群书的学者，他们都怀疑蜀才就是谯周；而《李蜀书》，又名《汉之书》中说：“蜀才姓范，名叫长生，自称蜀才。”南方地区自从晋朝渡江之后，把北方地区的传纪都称作“伪书”，人们不重视也不阅读“伪书”，因此就不知道蜀才是谁。

《礼·王制》云：“裸股肱[①]。”郑注云：“谓擐衣出其臂胫[②]。”今书皆作“擐甲”[③]之“擐”。国子博士萧该云：“‘擐’当作‘揎’，音‘宣’，‘擐’是穿著之名，非出臂之义。”案《字林》，萧读是，徐爰音“患”，非也。

【注释】

①裸：露出。股肱（gōng）：大腿和胳膊。

②擐（xuān）衣：捋起衣服。胫：人的小腿。

③擐（huán）甲：穿上甲胄、贯甲。

【译文】

《礼记·王制》中说：“裸股肱。”郑玄注释说：“是指挽起衣服露出胳膊和腿。”现在的书都把“擐”写作“擐甲”的“擐”。国子博士萧该说：“‘擐’应当是‘揎’，读作‘宣’，‘擐’是穿着的意思，不是露出手臂的意思。”依据《字林》的解释，萧该的读音是正确的；徐爰读“擐”成“患”，是不对的。

《汉书》：“田肎[①]贺上。”江南本皆作“宵”字。沛国刘显，博览经籍，偏精班《汉》，梁代谓之“《汉》圣”。显子臻，不坠家业。读班史，呼为“田肎”。梁元帝尝问之，答曰：“此无义可求，但臣家旧本，以雌黄改‘宵’为‘肎’。”元帝无以难之。吾至江北，见本为“肎”。

【注释】

①肎（kěn）：“肯”的古字。

【译文】

《汉书》：“田肎贺上。”江南的版本“肎”都写成“宵”字。沛国人刘显，博览经籍，最精通班固所撰《汉书》，梁代时被称为“《汉》圣”。刘显的儿子刘臻，继承家业。读班固的史书时，就读为“田肎”。梁元帝曾经问他为何，他回答说：“这个没有意义可以寻求，只是臣下家中的旧本，用雌黄把‘宵’字改成‘肎’。”元帝没有办法难住他。我到江北时，看到那里的版本上就写作“肎”。

《汉书·王莽赞》云：“紫色蛙声，余分闰位[①]。”盖谓非玄黄之色[②]，不中律吕[③]之音也。近有学士，名问甚高，遂云：“王莽非直鸢髆虎视[④]，而复紫色蛙声。”亦为误矣。

【注释】

① 闰位：非正统的帝位。

② 玄黄之色：黑色和黄色，是正色。

③ 律吕：古代校正乐律的器具，比喻准则、标准。

④ 髆（bó）：胳膊。虎视：像老虎那样雄视。

【译文】

《汉书·王莽赞》中说：“紫色蛙声，余分闰位。”意思是说紫色不是玄黄正色，蛙声不合声律标准。暗示王莽得位不正。近来有位学者，名望很高，竟然说：“王莽不仅有像鸢鸟那样的肩膀，有像老虎那样的目光，而且还有着紫色的皮肤和蛙鸣一样的声音。”这也是弄错了。

简“策”字，“竹”下施“朿”，末代[①]隶书，似杞、宋之“宋”，亦有“竹”下遂为“夹”者，犹如“刺”字之傍应为“朿”，今亦作“夹”。徐仙民《春秋》《礼音》，遂以“筴”为正字[②]，以“策”为音，殊为颠倒。《史记》又作“悉”字，误而为“述”，作“妬”字，误而为“姤”，裴、徐、邹皆以“悉”字音“述”，以“妬”字音“姤”。既尔，则亦可以“亥”为“豕”字音，以“帝”为“虎”字音乎？

【注释】

① 末代：末世，指一个朝代衰亡的时期。

② 正字：字形或拼法符合标准的字，区别于异体字、错字、别字等，亦指本字。

【译文】

简策的“策”字，是在“竹”下面加“朿”字，末世的隶书中，“策”的字形类似杞、宋的“宋”字，也有在“竹”字下面写成“夹”的，就好像“刺”字的偏旁应该是“朿”，现在也写成“夹”。徐仙民注的《春秋》和《礼记音》中，竟以“筴”字为正字，把“策”作为读音，完全是本末倒置。《史记》中写“悉”字，误写成“述”，写“妬”字，错写成“姤”。裴骃、徐广、邹诞生在为《史记》作注时，都把“悉”注音作“述”，把“妬”注音作“姤”。既然这样的话，那可以用“亥”为“豕”字注音，用“帝”为“虎”字注音吗？

张揖云：“虙，今伏羲氏也[①]。”孟康《汉书·古文注》亦云：“虙，今伏。”而皇甫谧云：“伏羲或谓之宓羲。”按诸经史纬候[②]，遂无“宓羲”之号。“虙”字从“虍”，“宓”字从“宀”，下俱为“必”，末世传写，遂误以“虙”为“宓”，而《帝王世纪》因误更立名耳。何以验之？孔子弟子虙子贱为单父宰，即虙羲之后，俗字[③]亦为“宓”，或复加“山”。今兖州永昌郡城，旧单父地也，东门有子贱碑，汉世所立，乃曰：“济南伏生，即子贱之后。”是知“虙”之与“伏”，古来通字，误以为“宓”，较可知矣。

【注释】

①虙（fú）：通“伏”，姓。伏羲氏：即虙羲氏。伏羲，古代传说中的三皇之一。

②纬候：纬书与《尚书中候》的合称，亦为纬书的通称。

③俗字：即俗体字。旧时指通俗流行而字形不合规范的汉字，别于正体字而言。

【译文】

张揖说：“虙，就是现在所说的伏羲氏。”孟康的《汉书》古文注也说：“虙，就是现在的伏。”皇甫谧说：“伏羲，有人也称为宓羲。”查阅各种经书、史书、纬书以及占验之书，竟没有宓羲这一称号。“虙”字从“虍”，“宓”字从“宀”，下面都是“必”字，后代人传写，竟错误地把“虙”写作“宓”，而《帝王世纪》便错改成“宓羲”。用什么来证明“宓”字是抄写错误呢？孔子的弟子虙子贱做单父的地方官，就是虙羲的后代，俗字也写作“宓”，或者在下面再加一个“山”字写作“密”。现在兖州永昌郡城，过去是单父的旧地，城东门有一个子贱碑，是汉代设立的，上面写着：“济南人伏生，就是子贱的后代。”由此可以知道，“虙”和“伏”，古代就是通用字，后人误把“虙”写作“宓”，也就可以理解了。

《太史公记》曰：“宁为鸡口，无为牛后。”此是删《战国策》耳。案：延笃《战国策音义》曰：“尸，鸡中之主。从，牛子。”然则，“口”当为“尸”，“后”当为“从”，俗写误也。

【译文】

《太史公记》中说：“宁居小者之首，不为大者之后。”这句话是从《战国策》中的文字得来的。据考证：延笃的《战国策音义》中说：“尸，是鸡中之主。从，是牛犊。”那么，《太史公记》中的“口”应该是“尸”字，“后”应当是“从”字，俗世的写法都写错了。

应劭《风俗通》云：“《太史公记》：‘高渐离变名易姓，为人庸保①，匿作于宋子，久之作苦，闻其家堂上有客击筑，伎痒②，不能无出言。”’案：伎痒者，怀其伎而腹痒也。是以潘岳《射雉赋》亦云：“徒心烦而伎痒。”今《史记》并作“徘徊”，或作“彷徨不能无出言”，是为俗传写误耳。

【注释】

① 庸保：受雇充任杂役的人。

② 伎痒：指人有所擅长，遇有机会即欲表现，如痒难忍。

【译文】

应劭的《风俗通义》中说：“《太史公记》里记载：‘高渐离改名换姓，给人家做杂役，隐姓埋名在宋子县劳作，日子久了感到很苦闷，听到主人家的堂上有客人在击筑，技痒难耐，不能一言不发。'”据考证：伎痒，是指人身怀某种技艺不能展示而心痒难耐。因此潘岳的《射雉赋》里也说：“徒心烦而伎痒。”现今的《史记》中都写作“徘徊”，或者是“彷徨不能无出言”，这是俗本传抄过程中造成的错误。

太史公论英布曰：“祸之兴自爱姬，生于妒媚[①]，以至灭国。”又《汉书·外戚传》亦云：“成结[②]宠妾妒媚之诛。”此二“媚”并当作“娼”[③]，娼亦妒也，义见《礼记》《三苍》。且《五宗世家》亦云：“常山宪王后妒娼。”王充《论衡》云：“妒夫娼妇生，则忿怒斗讼。”益知“娼”是“妒”之别名。原英布之诛为意贲赫耳，不得言“媚”。

【注释】

① 媚：逢迎取悦。

② 成结：形成，酿成。

③ 娼（mào）：嫉妒。

【译文】

太史公司马迁评论英布说：“灾祸因他的爱姬而兴起，由于妒媚之心，导致邦国灭亡。”另外，《汉书·外戚传》中也说：“杀身之祸是由宠妾妒媚酿成的。”这两处的“媚”字都应该是“娼”字，娼就是嫉妒的意思，它的释义可见于《礼记》和《三苍》。而且《五宗世家》也说：“常山宪王的王后为人妒娼。”王充的《论衡》中说：“有妒夫娼妇出现，就会产生忿恨恼怒、争斗诉讼。”更加可以证明“娼”就是“妒”的别名。推究《史记》之中英布被杀的原因，应是指他怀疑贲赫导致的，不能说是“媚”。

《史记·始皇本纪》：“二十八年，丞相隗林、丞相王绾等，议于海上[①]。”诸本皆作“山林”之“林”。开皇二年五月，长安民掘得秦时铁称权[②]，旁有铜涂镌铭二所[③]。其一所曰：“廿六年，皇帝尽并兼天下诸侯，黔首大安，立号为皇帝，乃诏丞相状、绾，法度量则不壹、嫌疑者[④]，皆明壹之。”凡四十字。其一所曰：“元年，制诏丞相斯、去疾，法度量，尽始皇帝为之，皆有刻辞焉。今袭号而刻辞不称始皇帝，其于久远也，如后嗣为之者，不称成功盛德，刻此诏□左[⑤]，使毋疑。”凡五十八字，一字磨灭，见有五十七字，了了[⑥]分明。其书兼为古隶。余被敕写读之[⑦]，与内史令李德林对[⑧]，见此称权，今在官库；其“丞相状”字，乃为“状貌”之“状”，“爿”旁作“犬”；则知俗作“隗林”，非也，当为“隗状”耳。

【注释】

①海上：指东海之滨。

②铁称权：即铁制秤锤。

③涂（dù）：以金饰物。后作“镀”。镌（juān）：凿，雕刻。

④法：通“废”，废弃。度量：用以计量长短和容积的标准。则：标准权衡器。

⑤左：通“佐”。

⑥了了：明白，清楚。

⑦敕：委任。写：描摹缮写。读（dòu）：语句中的停顿。古代诵读文章，分句和读，短的停顿叫读，稍长的停顿叫句。后亦把“读”写成“逗”。这里应该是标点、点断的意思。

⑧对：核对，校对。

【译文】

《史记·始皇本纪》说：“二十八年，丞相隗林、王绾等人，在海边商议事情。”各本都将“隗林”的“林”字写作“山林”的“林”。隋开皇二年五月，长安的百姓掘地时得到秦朝的铁制秤锤，旁边嵌有两块刻有铭文的铜板。其中一块说：“廿六年，皇帝尽并兼天下诸侯，黔首大安，立号为皇帝，乃诏丞相状、绾，法度量则不壹歉疑者，皆明壹之。”共四十字。另一块说：“元年，制诏丞相斯、去疾，法度量，尽始皇帝为之，皆有刻辞焉。今袭号而刻辞不称始皇帝。其于久远也，如后嗣为之者，不称成功盛德，刻此诏□左，使毋疑。”共五十八字，有一个字磨没了，现有五十七个字，清楚分明。铭文字体全是古隶。我奉诏抄写、标点铭文，和内史令李德林核对，因此看到这个秤锤，现今收藏在官库里；那上面的“丞相状”的“状”字，乃是“状貌”的“状”，“爿”旁加“犬”字，由此可以知道世间通常写作“隗林”，是不对的，应该写作“隗状”。

《汉书》云：“中外禔福[①]。”字当从“示”。禔，安也，音“匙匕”之“匙”，义见《苍》《雅》《方言》。河北学士皆云如此。而江南书本，多误从“手”，属文者对耦[②]，并为“提挈”[③]之意，恐为误也。

【注释】

①禔（zhī）福：安宁幸福。

②对耦：即对偶，是一种修辞格，用对称的字句加强语言的表达效果。

③提挈（qiè）：提携，牵扶。

【译文】

《汉书》中说：“中外禔福。”“禔”字应当从“示”部。禔，是安宁的意思，读作“匙匕”的“匙”，词义参见《苍颉篇》《尔雅》《方言》。黄河以北地区的儒士都认为是这样。然而，江南地区的版本，大多都把“禔”字错写成从“手”部，写文章的人运用对偶时，都把它理解为“提挈”的意思，这恐怕是不对的。

或问：“《汉书注》：‘为元后父名禁，故禁中为省中。’何故以‘省’代‘禁’？”答曰：“案：《周礼·宫正》：‘掌王宫之戒令纠禁。’郑注云：‘纠[①]，犹割也，察也。’李登云：‘省，察也。’张揖云：‘省，今省詧也。’然则小井、所领二反，并得训‘察’。其处既常有禁卫省察，故以‘省’代‘禁’。詧，古察字也。”

【注释】

①纠：督察，督责。

【译文】

有人问：“《汉书注》说：‘因为孝元皇后的父亲名禁，因此禁中改为省中。’为什么用‘省’来替代‘禁’？”我回答说：“按：《周礼·宫正》说：‘掌管王宫的戒令纠禁。’郑玄注说：‘纠，如同割、察。’李登说：‘省就是察。’张揖说：‘省就是现在的省詧。’这样，那么小井、所领两个反切音的省字，都可以释为‘察’。禁中那个地方既然经常有禁卫军省察，因此用‘省’来替代‘禁’。詧是古时候的察字。”

《汉·明帝纪》：“为四姓小侯立学。”按：桓帝加元服，又赐四姓及梁、邓小侯帛，是知皆外戚也。明帝时，外戚有樊氏、郭氏、阴氏、马氏为四姓。谓之小侯者，或以年小获封，故须立学耳。或以侍祠猥朝，侯非列侯，故曰小侯，《礼》云：“庶方小侯。”则其义也。

【译文】

《后汉书·明帝纪》记载：“为四姓小侯立学。”据考证：汉桓帝行冠礼时，又赏赐给四姓和梁、邓小侯等人丝帛，由此可以知道他们都是外戚。汉明帝时，外戚有樊氏、郭氏、阴氏、马氏，他们被称为四姓。《后汉书》中称他们为小侯，可能是因为幼年时期就获得封号，因此必须设立学校；也可能是因为他们都是侍祠侯或猥朝侯，虽然是侯但不属于上等侯，所以称小侯。《礼记》中说的“荒远地区的方国小侯”，就是这个含义。

《后汉书》云：“鹳雀[①]衔三鳝鱼。”多假借为“鳣鲔”[②]之“鳣”；俗之学士，因谓之为“鳣鱼”。案：魏武《四时食制》：“鳣鱼大如五斗奁[③]，长一丈。”郭璞注《尔雅》：“鳣长二三丈。”安有鹳雀能胜一者，况三乎？鳣又纯灰色，无文章[④]也。鳝鱼长者不过三尺，大者不过三指，黄地黑文；故都讲[⑤]云：“蛇鳝，卿大夫服之象也。”《续汉书》及《搜神记》亦说此事，皆作“鳝”字。孙卿云：“鱼鳖鳅鳣。”及《韩非》《说苑》皆曰：“鳣似蛇，蚕似蠋[⑥]。”并作“鳣”字。假“鳣”为“鳝”，其来久矣。

【注释】

① 鹳（guàn）雀：即鹳，一种水鸟。

② 鳣（zhān）：即鲟鳇鱼。鲔（wěi）：鲟鱼和鳇鱼的古称。

③ 奁（lián）：指盒匣一类的盛物器具。

④ 文章：错杂的色彩或花纹。

⑤ 都讲：古代学舍中协助博士讲经的儒生。

⑥ 蠋（zhú）：鳞翅目昆虫的幼虫。色青，形似蚕，大如手指。

【译文】

《后汉书》中说："鹳雀衔三鳝鱼。""鳝"字常常假借为"鳣鲔"的"鳣"字；世间的儒士，据此认为《后汉书》中说的是"鳣鱼"。据考证，魏武帝的《四时食制》里说："鳣鱼像能盛五斗容积的器具那样大，身长一丈。"郭璞注的《尔雅》中说："鳣鱼长二三丈。"鹳鸟怎能衔住一条鳣鱼，何况还是三条呢？鳣鱼又是纯灰色的，没有花纹。鳝鱼长的也不超过三尺，大的也不超过三指宽，鱼身是黄底，上面有黑纹，所以都讲说："蛇鳝，是卿大夫服饰的装饰图像。"《续汉书》和《搜神记》中也说到这件事，两本书中都写作"鳝"字。荀子说："鱼鳖鳅鳣。"《韩非子》《说苑》都说："鳣形状像蛇，蚕的形状像蠋。"都写作"鳣"字。由此看来，假借"鳣"为"鳝"字，这种用法已经很久了。

《后汉书》："酷吏樊晔为天水郡守，凉州为之歌曰：'宁见乳虎穴，不入冀府寺①。'"而江南书本"穴"皆误作"六"。学士因循，迷而不寤。夫虎豹穴居，事之较②者；所以班超云："不探虎穴，安得虎子？"宁当论其六七耶？

【注释】

① 冀府寺：即天水太守官署。

② 较：明显，显著。

【译文】

《后汉书》记载："酷吏樊晔做天水郡太守时，凉州人给他编了首歌谣说：‘宁见乳虎穴，不入冀府寺。’”江南地区的抄本，都将“穴”字误写成“六”字。学者沿袭了这个错误，受到迷惑而不觉察。虎豹住在洞穴之中，这是很显然的事情，所以班超说：“不探虎穴，安得虎子？”难道要去计量乳虎是六个还是七个吗？

《后汉书·杨由传》云：“风吹削肺。”此是削札牍之柿耳①。古者，书误则削之，故《左传》云“削而投之”是也。或即谓“札”为“削”，王褒《童约》曰：“书削代牍。”苏竟书云：“昔以摩研编削之才。”皆其证也。《诗》云：“伐木浒浒②。”《毛传》云：“浒浒，柿貌也。”史家假借为“肝肺”字，俗本因是悉作“脯腊”之“脯”，或为“反哺”之“哺”。学士因解云：“削哺，是屏障③之名。”既无证据，亦为妄矣！此是风角占候耳④。《风角书》曰：“庶人风⑤者，拂地扬尘转削⑥。”若是屏障，何由可转也？

【注释】

①札牍（dú）：札与牍都是古代书写用的小木片，因借指薄册。柿（fèi）：削下的木片、木皮。

②浒浒：伐木声。

③屏障：屏风，泛指遮蔽、阻挡之物。

④风角：古代的一种占卜方法，以五音占西方之风而定吉凶。占候：指根据天象变化预测自然界的灾异和天气变化。

⑤庶人风：指卑恶的风。

⑥转削：吹动木屑。

【译文】

《后汉书·杨由传》说：“风吹削肺。”这里的“肺”是指削札牍时落下的小木片。古时候，字写错了就用刀将它削去，所以《左传》中的“削而投之”，就是这个意思。有人认为“札”就是“削”，王褒的《童约》中说：“书削代牍。”苏竟在信中写道：“昔以摩研编削之才。”都是说明“札”就是“削”。《诗经》中说：“伐木浒浒。”《毛诗传》说：“浒浒，削下木片的样子。”史家将“杮”字假借成肝肺的“肺”字，世间流行的版本就都写成“脯腊”的“脯”字，或是“反哺”的“哺”字。学者据此解释说：“削哺，是屏风的名称。”这种解释没有依据，只能算主观臆测。原文指的是利用四方风角占卜吉凶。《风角书》中说：“恶劣的风，吹拂地面扬起尘土，吹转碎木屑。”如果削肺是屏风的话，怎么能吹动它呢？

《三辅决录》云：“前队大夫[①]范仲公，盐豉蒜果共一筒。”“果”当作“魏颗”之“颗”。北土通呼物一块，改为一颗，“蒜颗”是俗间常语耳。故陈思王《鹞雀赋》曰：“头如果蒜，目似擘[②]椒。”又《道经》云：“合口诵经声璅璅[③]，眼中泪出珠子碟[④]。”其字虽异，其音与义颇同。江南但呼为“蒜符”，不知谓为“颗”。学士相承，读为“裹结”之“裹”，言盐与蒜共一苞裹，内筒中耳。《正史削繁音义》又音“蒜颗”为苦戈反，皆失也。

【注释】

① 前队（suì）大夫：南阳郡太守。王莽时期改南阳郡为前队。

② 擘（bò）：分开，剖裂。

③ 璅璅（suǒ）：同“琐”，形容声音细碎。

④ 碟（kē）：同“颗”，颗粒。

【译文】

《三辅决录》中说：“前队大夫范仲公，盐豉蒜果共一筒。”句中的“果”应当是“魏颗”的“颗”字。北方地区普遍把一块物体说成一颗，“蒜颗”是民间的常用语。所以曹植在《鹞雀赋》中说：“头如果蒜，目似擘椒。”再者《道经》中说：“合口诵经声璅璅，眼中泪出珠子碟。”这几个字的写法虽然不同，但它们的读音和意义却大致相同。江南地区都叫作“蒜符”，不知道称作“颗”。学者前后沿袭，把“果”读成“裹结”的“裹”，解释成把盐和蒜放在同一个包裹里，纳入筒里。《正史削繁音义》给“蒜颗”的“颗”注音为苦戈反，都是错误的。

有人访吾曰："《魏志》蒋济上书云'弊攰[①]之民'，是何字也？"余应之曰："意为'攰'即是'皵[②]倦'之'皵'耳。张揖、吕忱并云：'支傍作刀剑之刀，亦是剞[③]字。'不知蒋氏自造'支'傍作'筋力'之'力'，或借'剞'字，终当音九伪反。"

【注释】

①攰（guì）：困疲。

②皵（guì）：疲弊。

③剞（jī）：刻镂的刀具。

【译文】

有人向我询问说："《魏志》里记载蒋济给朝廷上书说'弊攰之民'，'攰'是什么字呀？"我回答说："我想'攰'就是'皵倦'的'皵'字。张揖和吕忱都说：'支字旁加上刀剑的刀，也是剞字。'不知道是蒋济自己造了这个'支'字旁加'筋力'的'力'组成的'攰'字，还是假借了'剞'字，不管是哪种情况，这个字终究都应当读成九伪反。"

《晋中兴书》："太山羊曼，常颓纵任侠，饮酒诞节[①]，兖州号为'䳍伯'[②]。"此字皆无音训[③]。梁孝元帝常谓吾曰："由来不识。唯张简宪见教，呼为'嚃羹'[④]之'嚃'。自尔便遵承之，亦不知所出。"简宪是湘州刺史张缵谥也，江南号为硕学。案：法盛世代殊近，当是耆老[⑤]相传；俗间又有"䳍䳍"语，盖无所不施，无所不容之意也。顾野王《玉篇》误为"黑"傍"沓"。顾虽博物，犹出简宪、孝元之下，而二人皆云重边。吾所见数本，并无作"黑"者。"重沓"是多饶积厚之意，从"黑"更无义旨。

【注释】

①诞节：放纵不拘。

②䳍（tà）伯：放纵豁达的人。

③ 音训：对古籍中的字词注音释义。

④ 嚃（tà）羹：指吃羹时不加咀嚼而连菜吞下。

⑤ 耆（qí）老：老年人。耆，古称六十岁曰耆，亦泛指寿考。

【译文】

《晋中兴书》说："泰山人羊曼，平日为人衰颓消沉，行为放纵，嗜酒仗义，不拘礼节，兖州人称他为'䵣伯'。""䵣"这个字在书里没有注音也没有注释。梁孝元帝有一次对我说："我从前不认识这个字。后来张简宪教我说这个字应读'嚃羹'的'嚃'，从此我就读这个音，但还是不知道出处。"张简宪是湘州刺史张缵的谥号，江南地区的人都夸他学识渊博。据考证：《晋中兴书》的作者何法盛生活的年代距离我们很近，这个字应该是听年纪大的老人说的；况且民间也有"䵣䵣"这个词，大概是无所不施，无所不容的意思。顾野王的《玉篇》误把这个字写成"黑"字旁加"沓"字。顾野王虽然博学，但见识还是在张缵和孝元帝的水平之下，而他们两个人都说这个字应该是"重"字旁。我所见的各种抄本，都没有把这个字写作"黑"字旁的。"重沓"是丰厚富饶的意思，要是从"黑"部反而不知所指何意了。

《古乐府》歌词，先述三子，次及三妇，妇是对舅姑之称。其末章云："丈人且安坐，调弦未遽[①]央。"古者，子妇供事舅姑，旦夕在侧，与儿女无异，故有此言。"丈人"亦长老之目，今世俗犹呼其祖考为先亡丈人。又疑"丈"当作"大"，北间风俗，妇呼舅为"大人公"。"丈"之与"大"，易为误耳。近代文士，颇作《三妇诗》，乃为匹嫡[②]并耦己之群妻之意，又加郑、卫之辞，大雅君子，何其谬乎？

【注释】

① 遽（jù）：匆忙。

② 匹嫡：缔结婚姻。

【译文】

《古乐府》歌词中，先叙述三个儿子，接着叙述三个儿媳妇，妇是公婆对子妇的称呼。歌词的最后说："丈人且安坐，调弦未遽央。"古时候，儿媳妇伺候公婆，早晚都要陪在他们身边，和儿女没什么两样，所以才有诗里这种说法。"丈人"是对长辈老年人的称呼，如今民间习俗还称他们死去的祖辈为"先亡丈人"。也怀疑"丈"字应该是"大"字，北方地区的风俗，儿媳妇称公公为"大人公"。"丈"字与"大"字，很容易写错。近代的文人写了很多《三妇诗》，但都是描写妻妾般配成双成对的情景，还在诗中加入很多淫词艳语，高尚文雅的君子们啊，怎么荒谬到这样地步呢？

《古乐府》歌百里奚词曰："百里奚，五羊皮。忆别时，烹伏雌①，吹扊扅②；今日富贵忘我为！""吹"当作"炊煮"之"炊"。案：蔡邕《月令章句》曰："键，关牡也，所以止扉③，或谓之剡移。"然则当时贫困，并以门牡木作薪炊耳。《声类》作"扊"，又或作"扂"④。

【注释】

① 伏雌：指母鸡。

② 扊扅（yǎn yí）：门闩。

③ 扉：门扇。

④ 扂（diàn）：门闩。

【译文】

《古乐府》中歌唱百里奚的诗说："百里奚，五羊皮。忆别时，烹伏雌，吹扊扅；今日富贵忘我为！""吹"应当写作"炊煮"的"炊"。据考证，蔡邕的《月令章句》里说："键，就是门闩，是用来闩门的，也把它称作剡移。"那么，这就意味百里奚那时候生活相当贫苦艰难，把门闩当柴烧。《声类》把这个字写作"扊"，有时也写成"扂"。

《通俗文》，世间题云"河南服虔字子慎造"。虔既是汉人，其叙乃引苏林、张揖；苏、张皆是魏人。且郑玄以前，全不解反语①，通俗反音，甚会②近俗。阮孝绪又云"李虔所造"。河北此书，家藏一本，遂无作李虔者。《晋中经簿》及《七志》，并无其目，竟不得知谁制。然其文义允惬③，实是高才。殷仲堪《常用字训》，亦引服虔《俗说》，今复无此书，未知即是《通俗文》，为当有异？近代或更有服虔乎？不能明也。

【注释】

① 反语：即反切，古代的一种注音方法。

② 会：符合，相合。

③ 允惬：妥帖，适当。

【译文】

《通俗文》这本书，世间的版本都题作“河南服虔字子慎造”。服虔是汉朝人，他的《叙》却引用了苏林、张揖等人的话；苏林和张揖都是三国时期魏人。况且郑玄之前的人，都不懂反切，《通俗文》中的反切注音十分符合近世的注音习惯。阮孝绪又说其为“李虔所著”，北方地区流行的抄本，家中也收藏了一本，根本没有题李虔作。《晋中经簿》以及《七志》中，都没有关于这本书的条目，最终不知道是谁写了这本书。可是这本书的文辞妥帖，作者实在是高才之人。殷仲堪的《常用字训》，还引用到服虔的《俗说》，现在也没有这本书了，不知它是否就是《通俗文》，或者还是另一本？近代或许另外有个叫服虔的人？真是弄不明白。

或问：“《山海经》，夏禹及益所记，而有长沙、零陵、桂阳、诸暨，如此郡县不少，以为何也？”答曰：“史之阙文，为日久矣；加复秦人灭学，董卓焚书，典籍错乱，非止于此。譬犹《本草》神农所述，而有豫章、朱崖、赵国、常山、奉高、真定、临淄、冯翊等郡县名，出诸药物；《尔雅》周公所作，而云‘张仲孝友’；仲尼修《春秋》，而《经》书孔丘卒；《世本》左丘明所书，而有燕王喜、汉高祖；《汲冢琐语》，乃载秦望碑；《苍颉篇》李斯所造，而云‘汉兼天下，海内并厕，豨黥韩覆，畔讨灭残’；《列仙传》刘向所造，而《赞》云‘七十四人出佛经’；《列女传》亦向所造，其子歆又作《颂》，终于赵悼后，而传有更始韩夫人、明德马后及梁夫人嫕。皆由后人所羼[①]，非本文也。”

【注释】

① 羼（chàn）：本为群羊杂居，引申为错乱掺杂。

【译文】

有人问道：“《山海经》这本书，是夏禹和伯夷所记述的，而其中却有长沙、零陵、桂阳、诸暨等地名，像这样的秦汉时期的郡县名在这本书里提到不少，这是怎么回事呢？”我回答说：“史书的内容残缺不全，这种问题由来已久；再加上秦朝灭绝学术，董卓作乱焚书，导致经书典籍杂乱无序，其中的错误不止于此。譬如《本草》这本书本是神农氏所著，而其中却出现了豫章、朱崖、赵国、常山、奉高、真定、临淄、冯翊等汉代才有的郡县名以及它们出产的各种药物；《尔雅》是周公所撰，然而却说西周人‘张仲孝敬父母，友爱兄弟’；孔子修订了《春秋》，而《春秋左氏传》中却记录了孔子去世；《世本》是春秋时左丘明所著，而其中却提到战国时期的燕王喜和汉高祖刘邦；战国成书的《汲冢琐语》，竟然还记载了秦始皇出巡天下时所立的石刻碑文；《苍颉篇》是秦人李斯所著，然而书中却说‘汉朝兼并天下，四海之内统一，陈豨被黥，韩信覆亡，讨伐叛乱消灭残兵’；《列仙传》是西汉人刘向所写，而这本书的《赞》中却说‘七十四人出于佛经’；《列女传》也是刘向所著，他的儿子刘歆又为这本书写了《颂》的部分，书中的记录截止到战国时期的赵悼后，然而这本书的注本中却有了汉朝更始帝的宠姬韩夫人、光武帝的马皇后以及东汉梁夫人嫕。以上所举的例子都是由后人掺杂到书中的内容，并不是那些书的原文。”

或问曰：“《东宫旧事》何以呼‘鸱尾’为‘祠尾’？”答曰：“张敞者，吴人，不甚稽古[①]，随宜记注，逐乡俗讹谬[②]，造作书字耳。吴人呼‘祠祀’为‘鸱祀’，故以‘祠’代‘鸱’字；呼‘绀’[③]为‘禁’，故以‘系’傍作‘禁’，代‘绀’字；

呼‘盏’为竹简反，故以‘木’傍作‘展’代‘盏’字；呼‘镬’[④]字为‘霍’字，故以‘金’傍作‘霍’代‘镬’字；又‘金’傍作‘患’为‘镮’[⑤]字，‘木’傍作‘鬼’为‘魁’字，‘火’傍作‘庶’为‘炙’字，‘既’下作‘毛’为‘髻’字；金花则‘金’傍作‘华’，窗扇则‘木’傍作‘扇’：诸如此类，专辄[⑥]不少。”

【注释】

①稽古：考察古事。

②讹谬（miù）：多指文字、训读方面的讹误。

③绀（gàn）：天青色，深青透红之色。

④镬（huò）：无足鼎，古时用来煮肉及鱼、腊肉的器具。

⑤镮（huàn）：环，泛指圆形物。

⑥专辄：专断，专擅。

【译文】

有人问道：“《东宫旧事》为什么把‘鸱尾’称为‘祠尾’？”我回答说：“《东宫旧事》的作者张敞是吴郡人，不注重研习古事，随意记注史实，沿袭民间时俗的讹传误说，生造文字罢了。吴地的人称‘祠祀’为‘鸱祀’，所以他用‘祠’来代替‘鸱’字；把‘绀’读成‘禁’，所以用‘系’字旁加‘禁’来代替‘绀’字；把‘盏’读为竹简反，因此用‘木’字旁加‘展’来代替‘盏’字；把‘镬’字读成‘霍’字，因此用‘金’字旁加‘霍’字来代替‘镬’字；又在‘金’字旁加‘患’造‘镮’字，在‘木’字旁加‘鬼’作为‘魁’字，在‘火’字旁加‘庶’作‘炙’字，在‘既’字下面加‘毛’当作‘髻’字；金花则在‘金’字旁加‘华’字，窗扇的‘扇’字则是在‘木’旁加‘扇’：像这样的例子，太多主观专断的成分。”

又问：“《东宫旧事》‘六色罽[①]緵’，是何等物？当作何音？”答曰：“案：《说文》云：‘莙[②]，牛藻也，读若威。’《音隐》：‘坞瑰反。’即陆机所谓‘聚藻，叶如蓬[③]’者也。又郭璞注《三苍》亦云：‘蕴，藻之类也，细叶蓬茸生。’然今水中有此物，一节长数寸，细茸如丝，圆绕可爱，长者二三十节，犹呼为‘莙’。又寸断五色丝，横着线股间绳之，以象莙草，用以饰物，即名为‘莙’；于时当绁[④]六色罽，作此莙以饰绲带[⑤]，张敞因造‘糸’旁‘畏’耳，宜作‘隈’。”

【注释】

① 罽（jì）：一种毡类毛织物。

② 莙（jūn）：一种水藻。

③ 蓬：杂乱、松散的样子。

④ 绁（xiè）：拴，缚。

⑤ 绲（gǔn）带：以色丝织成的束带。

【译文】

又问道：“《东宫旧事》中提到的‘六色罽緭’是什么东西？应该怎么读？”我回答说：“据考证，《说文解字》中说：‘莙就是牛藻，读音如威字。《音隐》中注音是‘坞瑰反’。就是陆机所说的‘聚藻，叶子像蓬草一样’的那种植物。此外郭璞注的《三苍》中也说：‘蕴是藻类的一种，叶子的形状细长，上面长着蓬草般松散的茸毛。’现在的水中长有这种植物，一节枝茎约几寸长，细细的茸毛像丝一样，随着水流圆转弯曲，令人喜爱，长的有二三十节，仍然称为‘莙’。另外，将五色丝线截成一寸长短，横着加在几股线中编成绳子，做成莙草形状，用来装饰物品，这种丝织物就称为‘莙’；当时应该需要编结六色的丝毛，做成这种莙来装饰丝带，张敞就因此造了‘纟’字旁加‘畏’的字，应当写作‘隈’字。”

柏人城东北有一孤山，古书无载者。唯阚骃《十三州志》以为舜纳于大麓，即谓此山，其上今犹有尧祠焉；世俗或呼为“宣务山”，或呼为“虚无山”，莫知所出。赵郡士族有李穆叔、季节兄弟、李普济，亦为学问，并不能定乡邑此山。余尝为赵州佐，共太原王邵读柏人城西门内碑。碑是汉桓帝时柏人县民为县令徐整所立，铭曰：“山有巏嵍，王乔所仙。”方知此“巏嵍”山也。“巏”字遂无所出。“嵍”字依诸字书，即“旄丘”[①]之“旄”也；“旄”字，《字林》一音亡付反，今依附俗名，当音“权务”耳。入邺，为魏收说之，收大嘉叹。值其为《赵州庄严寺碑铭》，因云“权务之精”，即用此也。

【注释】

① 旄丘：前高后低的山丘。

【译文】

柏人城的东北有一座孤山，古书中没有记载。只有阚骃的《十三州志》中说尧曾经纳舜于大麓，说的就是这座山，山上现在还有尧的祠堂；民间百姓有的把它叫作“宣务山”，有的称作“虚无山”，无人知道这些称呼的来历。赵郡的士大夫中有李穆叔、李季节兄弟和李普济，都很有学问，却也不能确定家乡这座山的名称及由来。我曾担任赵郡的州佐，和太原人王邵一起研读过柏人城西门内石碑上的文字内容。那块碑是汉桓帝时柏人县百姓为县令徐整立的，上面刻着：“县内有巏嵍山，是王乔成仙的地方。”由此才知道“巏嵍”就是这座山。“巏”字没有出处，“嵍”字根据字书记载，就是“旄丘”的“旄”字。“旄”这个字，《字林》注音为亡付反，现在依据通俗称呼，应当读作“权务”。我到了邺城之后，向魏收说起这件事，魏收大加赞许。等他撰《赵州庄严寺碑铭》时，就写了“权务之精”，就是用了这一典故。

或问：“一夜何故五更？更何所训？”答曰：“汉、魏以来，谓为甲夜、乙夜、丙夜、丁夜、戊夜，又云‘鼓’，一鼓、二鼓、三鼓、四鼓、五鼓，亦云一更、二更、三更、四更、五更，皆以‘五’为节。《西都赋》亦云：‘卫以严更[①]之署。’所以尔者，假令正月建寅[②]，斗柄[③]夕则指寅，晓则指午矣；自寅至午，凡历五辰[④]。冬夏之月，虽复长短参差，然辰间辽阔，盈不过六，缩不至四，进退常在五者之间。更，历也，经也，故曰五更尔。”

【注释】

①严更：督察巡夜的更鼓。

②建寅：古代以北斗星斗柄的运转计算月份，斗柄指向十二辰中的寅即为夏历正月。

③斗柄：北斗柄。指北斗的第五至第七星，即衡、开泰、摇光。北斗，第一至第四星象斗，第五至第七星象柄。

④五辰：五个时辰。辰，旧时计时的单位，把一昼夜平分为十二段，每段叫作一个时辰，合现在的两小时。

【译文】

有人问："一夜为什么被划分成五更？更是什么意思？"回答说："汉、魏以来，称为甲夜、乙夜、丙夜、丁夜、戊夜；又称'鼓'，分为一鼓、二鼓、三鼓、四鼓、五鼓；也叫一更、二更、三更、四更、五更，都把一夜分为五段。《西都赋》中又说：'卫以严更之署。'之所以如此，是因为假如正月为岁首，北斗星的斗柄傍晚指向寅星，早晨就指向午星；从寅转到午，总共经过五个时辰。冬天和夏天，虽然时间长短不一致，然而时辰间隔，最长的不超过六个时辰，最短的不少于四个时辰，或长或短基本都在五个时辰左右。更，就是经历、经过的意思，所以称五更。"

《尔雅》云："术，山蓟[①]也。"郭璞注云："今术似蓟而生山中。"案：术叶其体似蓟，近世文士，遂读"蓟"为"筋肉"之"筋"，以耦"地骨"[②]用之，恐失其义。

【注释】

①山蓟（jì）：术的别名。

②地骨：枸杞的别名。

【译文】

《尔雅》中说："术，就是山蓟。"郭璞注释说："术长得像蓟草，生长在山里。"按：术叶的形状像蓟草，近代的文士于是就把"蓟"读成"筋肉"的"筋"，用来和"地骨"对偶，这恐怕不是它的原义。

或问："俗名'傀儡子'[①]为'郭秃'，有故实[②]乎？"答曰："《风俗通》云：'诸郭皆讳秃。'当是前代人有姓郭而病秃者，滑稽戏调[③]，故后人为其象，呼为'郭秃'，犹《文康》象庾亮耳。"

【注释】

① 傀儡子：即傀儡戏。

② 故实：出处，典故。

③ 戏调：诙谐，开玩笑。

【译文】

有人问："俗称'傀儡戏'为'郭秃'，有什么典故么？"我回答说："《风俗通》中说：'所有姓郭的人都避讳秃字。'应该是前代中有姓郭而得了秃病的人，举止可笑，为人滑稽，所以后人把木偶做成他的样子，称为'郭秃'，如同《文康》舞模仿庾亮一样。"

或问曰："何故名'治狱参军'为'长流'[①]乎？"答曰："《帝王世纪》云：'帝少昊[②]崩，其神降于长流之山，于祀主秋。'案：《周礼·秋官》，司寇主刑罚、长流之职，汉、魏捕贼掾[③]耳。晋、宋以来，始为参军，上属司寇，故取秋帝所居为嘉名焉。"

【注释】

① 长流：指治狱参军。也称长流参军，司禁防。

② 少昊（hào）：也称"少皞"。传说中古代东夷首领，名挚（一作质），号金天氏。东夷曾以鸟为图腾，相传少昊曾以鸟名为官名，他死后为西方之神。

③ 掾（yuàn）：官府中佐助官吏的通称。

【译文】

有人问："为什么称'治狱参军'为'长流'？"我回答说："《帝王世纪》中说：'少昊帝死的时候，他的神灵降临在长流山上，掌管秋天的祭祀。’据考证，《周礼·秋官》中记载，司寇掌管刑罚、长流的职责，也就是汉、魏时期捕捉盗贼的属官。两晋、刘宋以来，朝廷中才设参军之职，向上归属于司寇管辖，所以取秋帝少昊所处的地名作为它的美称。”

客有难主人曰：“今之经典，子皆谓非，《说文》所言，子皆云是，然则许慎胜孔子乎？”主人拊掌[①]大笑，应之曰：“今之经典，皆孔子手迹耶？”客曰：“今之《说文》，皆许慎手迹乎？”答曰：“许慎检以六文[②]，贯以部分[③]，使不得误，误则觉之。孔子存其义而不论其文也。先儒尚得改文从意，何况书写流传耶？必如《左传》‘止戈’为‘武’，‘反正’为‘乏’，‘皿虫’为‘蛊’，‘亥’有‘二首六身’之类，后人自不得辄改也，安敢以《说文》校其是非哉？且余亦不专以说文为是也，其有援引经传，与今乖者，未之敢从。又相如《封禅书》曰：‘导一茎六穗于庖，牺双觡[④]共抵之兽。’此‘导’训‘择’，光武诏云：‘非徒有豫养导择之劳’是也。而《说文》云：‘导是禾名。’引《封禅书》为证；无妨自当有禾名䆃，非相如所用也。‘禾一茎六穗于庖’，岂成文乎？纵使相如天才鄙拙，强为此语；则下句当云‘麟双觡共抵之兽’，不得云‘牺’也。吾尝笑许纯儒[⑤]，不达文章之体，如此之流，不足凭信。大抵服其为书，隐括有条例[⑥]，剖析穷根源，郑玄注书，往往引以为证；若不信其说，则冥冥[⑦]不知一点一画，有何意焉？”

【注释】

①拊（fǔ）掌：拍手，鼓掌。表示欢乐或愤激。

②检：考查，察验。六文：指六书。

③贯以部分：按部首分类，分别部居。贯，通。

④觡（gè）：骨角。

⑤纯儒：纯粹的儒者。

⑥隐括：用以矫正邪曲的器具，引申为标准、规范。

⑦冥冥：懵懂无知的样子。

【译文】

有位客人刁难我说："现在经典中对文字的解释，你认为有很多错误，而《说文解字》对文字的解释，你认为都是正确的，那么这样说的话，许慎比孔子高明吗？"我拍掌大笑，回答说："现在的经典都是孔子抄写的吗？"客人反问道："现在的《说文解字》都是许慎抄写的吗？"我回答说："许慎根据六书来分析字形解释字义，将文字按部首分类，使文字的形、音、义准确无误，即使错了的，也能准确发现错在何处。孔子校订经书，只保存经文的大义宗旨，而不推究文字。以前的学者尚且还用改变字形的方法来附会文意，至于流传抄写过程中的错误就更多了。除非像《左传》中认为武字是由'止''戈'组成，'正'字反过来就是'乏'，'蛊'字是由'皿''虫'组成，'亥'字是由'二'和'六'组成，像这样对文字的分析解释，后人已无法随意改变，又怎么敢用《说文解字》去考订这种说法的是非呢？同时，我也不认为《说文解字》是完全正确的，书中引用的典籍原文，如果与现在通行的典籍有出入，我也不敢盲从。例如司马相如的《封禅书》说：'导一茎六穗于庖，牺双觡共抵之兽。'这句话中的'导'是选择的意思，光武帝下诏书说：'非徒有豫养导泽之劳。'其中的'导'字也是选择的意思。而《说文解字》却解释说：'是禾名'。并且引用了《封禅书》作为例证；也许有一种谷物名叫'禚'，但并不是司马相如《封禅书》中的'导'字。如果按照许慎的理解，'禾一茎六穗于庖'还是一句话吗？即使司马相如天生愚蠢，生硬地写出这句话，那么下句就不应该是'牺双觡共抵之兽'，而应该是'麟双觡共抵之兽'，以此求得上下句词义、词性的对应。我曾经笑话许慎是个纯粹的书生，不了解文章的体裁，像这一类的引证，就不足以遵从信服。我大致信服《说文解字》对文字的解说。书中将文字按部首排列，分析字的形体，探求字的本义，郑玄注释经书，常常引证《说文解字》作为证据；如果不相信许慎的学说，就会稀里糊涂，不知道字的结构，也不知一点一划的意义。"

世间小学者，不通古今，必依小篆，是正书记①；凡《尔雅》《三苍》《说文》，岂能悉得苍颉本指②哉？亦是随代损益，互有同异。西晋已往字书，何可全非？但令体例成就，不为专辄耳。考校是非，特须消息。至如“仲尼居”，三字之中，两字非体，《三苍》“尼”旁益“丘”，《说文》“尸”下施“几”：如此之类，何由可从？古无二字③，又多假借，以“中”为“仲”，以“说”为“悦”，以“召”为“邵”，以“閒”为“闲”：如此之徒，亦不劳改。自有讹谬，过成鄙俗，“亂”旁为“舌”，“揖”下无“耳”，“鼋、鼍”从“龟”，“奮、奪”从“雚”④，“席”中加“带”，“惡”上安“西”，“鼓”外设“皮”，“鑿”头生“毁”，“離”则配“禹”，“壑”乃施“豁”，“巫”混“經”旁，“皋”分“澤”片，“獵”化为“獦”⑤，“寵”变成“竉”⑥，“業”左益“片”，“靈”底著“器”，“率”字自有“律”音，强改为别；“单”字自有“善”音，辄析成异：如此之类，不可不治。吾昔初看《说文》，蚩薄⑦世字，从正则惧人不识，随俗则意嫌其非，为是不得下笔也。所见渐广，更知通变，救前之执，将欲半焉。若文章著述，犹择微相影响⑧者行之，官曹文书，世间尺牍⑨，幸不违俗也。

【注释】

①是正：订正，校正。书记：书本。

②本指：原意。

③二字：指一个字有两个形体，两种写法。

④雚（guàn）：水鸟名。

⑤獦（liè）：指打猎、捕捉禽兽。

⑥竉（lǒng）：孔，洞。

⑦蚩（chī）薄：讥嘲鄙薄。蚩，通“嗤”，嘲笑，讥笑。

⑧微相影响：稍微近似。

⑨尺牍：信札，书信。

【译文】

世上那些研究文字、音韵、训诂之学的人，不通晓古今变化，一定要依从小篆，用来校正书写的文字。《尔雅》《三苍》《说文解字》上面的文字，怎么能够全部呈现苍颉造字时的最初字形呢？它们也是随时代而增减笔画，互相间有同有异。西晋以来的字书，怎么可以全都否定呢？只要文字的体例完备，就不能算是专擅妄为。考察、校对文字的是与非，特别需要认真斟酌。至于像“仲尼居”三字中，两个字不合法式，《三苍》中“尼”旁加个“丘”字，《说文解字》中“尸”下加个“几”字：像这类例子，怎么可以盲从呢？古时候一个字没有两种字体，又多使用假借，把“中”作为“仲”，把“说”作为“悦”，把“召”作为“邵”，把“閒”作为“闲”：像这类情况，也不必烦劳改正。自从文字出现谬误，错讹就成了习俗，“亂”字左半边是“舌”，“揖”字右下部没有“耳”，“黿、鼉”下半边都从“龟”，“奮、奪”上半边都从“雚”，“席”字里边是个“带”，“恶”字上半边安个“西”，“鼓”字右半边放个“皮”，“鑿”字头部换个“毁”，“離”字左半边搭配个“禹”，“壑”字上面加成“豁”，“巫”字跟“經”字右半边相混，“皋”字分“澤”的半边成了“睪”，“獵”字变化成了“獦”，“寵”字变成“竉”，“業”字的左面加个“片”，“靈”字下半边放个“器”，“率”字本来有“律”的读音，却强行改写为字形不同的“律”字，“单”字本来就有“善”的读音，却硬写成字形有别的“善”字：像这类情况，就不能不整治。我以前初次阅读《说文解字》，很轻视这些流行的俗字。想依从正字又怕别人不认识，随从俗字内心又觉得不合适，因此不能够下笔。后来所见逐渐增多，进一步知道了通融权变的道理，纠正了以前的固执，俗字需要用一部分。如果是文章著作，还是要选择差别较小的去写。而官府文书，世间书信，则希望不要违背习俗。

案：弥亘[1]字从二间舟，《诗》云：“亘之秬秠[2]”是也。今之隶书，转“舟”为“日”；而何法盛《中兴书》乃以“舟”

在“二”间为舟“航”字，谬也。《春秋说》以“人十四心”为“德”，《诗说》以“二在天下”为“酉”，《汉书》以“货泉”为“白水真人”[3]，《新论》以“金昆”为“银”，《国志》以“天上有口”为“吴”，《晋书》以“黄头小人”为“恭”，《宋书》以“召刀”为“邵”，《参同契》以“人负告”为“造”：如此之例，盖数术谬语，假借依附，杂以戏笑耳。如犹转“贡”字为“项”，以“叱”为“匕”，安可用此定文字音读乎？潘、陆诸子《离合诗》《赋》《栻卜》《破字经》[4]，及鲍照《谜字》，皆取会流俗，不足以形声论之也。

【注释】

①亙（gèn）：假借为“亘”字。

②秬（jù）秠（pī）：秬是黑黍的大名，秠是黑黍中一稃二米者。

③白水真人：汉代钱币“货泉”的别称。

④栻（shì）：古代占卜时日的器具，后称为星盘。破字：即拆字。以汉字加减笔划，拆开偏旁或打乱字体结构，加以附会，以推算吉凶。

【译文】

据考证：“弥亙”的“亙”字，好似“二”字当中加“舟”字，《诗经》里说：“亙之秬秠”的“亙”就是这个字。现在的隶书，把“二”字中间的“舟”转化成了“日”字；而何法盛的《晋中兴书》中竟然认为“舟”字加在“二”字中间所组成的字是“航”字，这是错误的。《春秋说》以“人十四心”作“德”字，《诗说》以“二在天下”作“酉”字，《汉书》把“货泉”拆为“白水真人”，《新论》中以“金昆”作为“银”字，《三国志》中用“天上有口”作为“吴”字，《晋书》中用“黄头小人”作为“恭”字，《宋书》中用“召刀”作为“劭”字，《周易参同契》中以“人负告”作为“造”字：像这样的例子，都是术数的荒谬说法，假托附会，混杂乱说用来戏谑玩笑罢了。就好像把“贡”字转化为“项”字，把“叱”字当作“匕”字，哪能用这种方法来确定文字的读音呢？潘岳、陆机等人所写的《离合诗》《赋》《栻卜》《破字经》以及鲍昭的《谜字》，都是迎合时俗的作品，根本不能用规范的形声造字法来评价它们。

河间邢芳语吾云："《贾谊传》云：'日中必熭[①]。'注：'熭，暴也。'曾见人解云：'此是暴疾之意，正言日中不须臾，卒然便昃[②]耳。'此释为当乎？"吾谓邢曰："此语本出太公《六韬》，案字书，古者'暴[③]晒'字与'暴疾'字相似，唯下少异，后人专辄加傍'日'耳。言日中时，必须暴晒，不尔者，失其时也。晋灼已有详释。"芳笑服而退。

【注释】

① 熭（wèi）：晒干，烤干。

② 昃（zè）：指日西斜。

③ 暴："暴"的异体字。

【译文】

河间人邢芳对我说："《贾谊传》说：'日中必熭'。注解说：'熭就是暴。'我曾见到有人解释说：'这个暴是暴疾的意思，就是说太阳当空只有一会儿，很快就西斜了。'这种解释合适吗？"我对邢芳说："这句话本来出自姜太公《六韬》一书，考察字书，古时候'暴晒'的'暴'字和'暴疾'的'暴'字相似，只有下半边稍微不同，后人擅自在旁边加个'日'字。这是说太阳当空，必须暴晒，不这样，就会失去这个时机。晋灼对此已有详尽的解释。"邢芳微笑信服而去。

音辞第十八

夫九州之人，言语不同，生民已来，固常然矣。自《春秋》标齐言之传,《离骚》目楚词之经，此盖其较明之初也。后有扬雄著《方言》，其言大备[①]。然皆考名物[②]之同异，不显声读之是非也。逮郑玄注“六经”，高诱解《吕览》《淮南》，许慎造《说文》，刘熹制《释名》，始有譬况[③]假借以证音字耳。而古语与今殊别，其间轻重清浊，犹未可晓；加以内言外言、急言徐言、读若之类，益使人疑。孙叔言创《尔雅音义》，是汉末人独知反语。至于魏世，此事大行。高贵乡公不解反语，以为怪异。自兹厥后，音韵锋出，各有土风，递相非笑[④]，指马[⑤]之谕，未知孰是。共以帝王都邑，参校方俗，考覈[⑥]古今，为之折衷。搉而量之，独金陵与洛下耳。南方水土和柔，其音清举而切诣[⑦]，失在浮浅，其辞多鄙俗。北方山川深厚，其音沉浊而铫钝[⑧]，得其质直，其辞多古语。然冠冕君子，南方为优；闾里小人，北方为愈。易服而与之谈，南方士庶，数言可辩；隔垣[⑨]而听其语，北方朝野[⑩]，终日难分。而南染吴、越，北杂夷虏，皆有深弊，不可具论。其谬失轻微者，则南人以“钱”为“涎”，以“石”为“射”，以“贱”为“羡”，以“是”为“舐”；北人以“庶”为“戍”，以“如”为“儒”，以“紫”为“姊”，以“洽”为“狎”。如此之例，两失甚多。至邺已来，唯见崔子约、崔瞻叔侄，李祖仁、李蔚兄弟，颇事言词，少为切正[⑪]。李季节著《音韵决疑》，时有错失；阳休之造《切韵》，殊为疏野。吾家儿女，虽在孩稚，便渐督正之；一言讹替[⑫]，以为己罪矣。云为品物[⑬]，未考书记者，不敢辄名，汝曹所知也。

【注释】

①备：完备，齐备。

②名物：事物的名称、特征等。

③譬况：古代的一种注音方法，即用近似的字来比照说明某

个字的发音。

④ 递相非笑：互相讥笑。

⑤ 指马：为争辩是非、差别的代称。

⑥ 考覈（hé）：考核。

⑦ 清举：声音清脆而悠扬。切诣（yì）：发音迅疾。

⑧ 铫钝：浑厚，不尖锐。

⑨ 垣（yuán）：矮墙。

⑨ 朝野：朝廷与民间。这里指官员和普通百姓。

⑪ 切正：切磋相正。

⑫ 讹替：差误。

⑬ 品物：物品，东西。

【译文】

全国各地人民，言语互不相同，自人类诞生以来，就向来如此。自从《春秋》代表齐地方言，《离骚》被视为楚地用语的经典，这大概是古人认识到各地语言存在差异的开始。后来扬雄写了《方言》，对各地方言论述非常完备。可是这本书中的内容是考证事物名称的异同，并没有表明读音的对或错。直到郑玄注释“六经”，高诱注解《吕氏春秋》《淮南子》，许慎撰写《说文解字》，刘熹写《释名》的时候，才开始用譬况或假借的方法来校证字音。然而古代的读音和现代的发音差别很大，字音的轻重、清浊，尚且不能明了；再加上他们采用的“内言外言、急言徐言、读若”之类的说法，更加让人迷惑。孙叔言撰写了《尔雅音义》，他是汉朝末年唯一一个懂反切注音法的人。到了曹魏时期，用反切来为汉字注音的方法盛行。高贵乡公曹髦因为不懂得这种反切注音法，被当时的人看作奇怪的事。自此，关于音韵的书纷纷出现，这些书都记录不同地区的方言，相互非难讥笑，彼此展开争辩，孰是孰非难以做出判断。后来大家都以帝王都城所在地区的语音为基础，参考各地的方言俗语，考察验证古今读音，来制定标准调和这些争执。经过反复研究斟酌之后，一致认为只有建康地区的发音和洛阳地区的发音足以分别代表南北地区标准发音。南方地区水土柔和，语音清亮悠扬而发音急切，不足之处在发音浅而浮，言辞大多庸鄙浅俗。北方地区山高水深，语音低沉浊重而浑厚，长处是质朴平实，语言中保留着很多古语。然而就士大夫的言谈水平而论，南方优于北方；而从市井百姓的说话水平来看，则北方胜过南方。假如两个不同阶层的人交换了服装交谈，南方的士大夫和平民，只须听他们说过几句话就可以分辨出他们的真正身份；隔着墙听北方的官员和百姓说话，即使听一天也难以区分二人的身份。南方地区的语言受了吴语、越语的影响，北方话掺杂着蛮夷外族的语言，二者都存在着很大的弊病，这里不能具体论述。很多错误缘于发音过于轻微，例如南方人把“钱”读作“涎”，把“石”读作“射”，把“贱”读作“羡”，把“是”读作“舐”；北方人把“庶”读作“戍”，把“如”读作“儒”，把“紫”读作“姊”，把“洽”读作“狎”。例子中所说的这种错误，南北双方都有很多。我到邺城以来，只知道崔子约、崔瞻叔侄二人，李祖仁和李蔚兄弟俩，对语言略有研究，可以互相切磋补正。李季节写《音韵决疑》，经常出现错误或不当之处；阳休之撰的《切韵》，十分粗略草率。我家的儿女，虽然年龄还很小，也要逐步纠正他们的发音，他们哪怕有一个字说得不对，我也认为那是我的过错。各类物品，不在书籍中得到考证，我就不敢随便称其名，这些你们都知道。

古今言语，时俗不同；著述之人，楚、夏各异。《苍颉训诂》，反“稗”为“逋卖”，反“娃”为“於乖”；《战国策》音“刎”为“免”，《穆天子传》音“谏”为“间”；《说文》音“戛”为“棘”，读“皿”为“猛”；《字林》音“看”为“口甘反”，音“伸”为“辛”；《韵集》以成、仍、宏、登合成两韵，为、奇、益、石分作四章；李登《声类》以“系”音“羿”，刘昌宗《周官音》读“乘”若“承”；此例甚广，必须考校。前世反语，又多不切。徐仙民《毛诗音》反“骤”为“在遘”，《左传音》切“椽”为“徒缘”，不可依信，亦为众矣。今之学士，语亦不正；古独何人，必应随其讹僻[①]乎？《通俗文》曰："入室求曰搜。"反为"兄侯"。然则"兄"当音"所荣反"。今北俗通行此音，亦古语之不可用者。玙璠[②]，鲁人宝玉，当音"余烦"，江南皆音"藩屏"之"藩"。"岐"山当音为"奇"，江南皆呼为"神祇"之"祇"。江陵陷没，此音被于关中，不知二者何所承案[③]。以吾浅学，未之前闻也。

【注释】

① 讹僻：讹误。

② 玙璠（yú fán）：指美玉。

③ 承案：依据。

【译文】

古今的语言，因为时俗习惯的不同而有所不同；写文章的人，也是南楚北夏各不相同。《苍颉训诂》中给"稗"注"逋卖反"的音，给"娃"注"于乖反"的音；《战国策》把"刎"读作"免"；《穆天子传》给"谏"注音为"间"；《说文解字》将"戛"注音为"棘"，将"皿"读作"猛"；《字林》中给"看"注"口甘反"的音，把"伸"注音为"辛"；《韵集》中把"成""仍""宏""登"合为两个韵，又把"为""奇""益""石"分入四个韵部；李登的《声类》用"系"给"羿"注音，刘昌宗的《周官音》将"乘"读若"承"。这种例子有很多，必须注意稽考校正。前世的反切注音，又有很多是不恰当的。徐仙民的《毛诗音》将"骤"的读音注成"在遘反"，《左传音》将"椽"注为"徒缘切"，这些不可信的例子很多。现在学者的注音也有不准确的；古人是什么特别的人，后人一定要沿袭他们的错误吗？《通俗文》中说："入室求曰搜。"作者将"搜"注为"兄侯反"。如果此音是正确的话，那么"兄"就应该读作"所荣反"。现在北方民间通行这个读音，也是古语中不可一味因袭的例子。玙璠，是鲁国的宝玉，应该读成"余烦"，江南地区的人都把"璠"读成"藩屏"的"藩"。"岐山"的"岐"应该读作"奇"，江南地区的人都将它读作"神祇"的"祇"。江陵陷落以后，这两种读音在关中地区普遍流传，不知道它们的依据是什么。因为我学识浅薄，一直没有听说过。

北人之音，多以“举”“莒”为“矩”；唯李季节云：“齐桓公与管仲于台上谋伐莒，东郭牙望见桓公口开而不闭，故知所言者莒也。然则莒、矩必不同呼[①]。”此为知音矣。

【注释】

①呼：音韵学名词。

【译文】

北方人的发音，多把“举”“莒”读成“矩”。只有李季节说：“齐桓公和管仲在台上商议征伐莒国，东郭牙看见桓公的嘴是张开而不是闭拢，因而知道桓公所说的是莒国。这样看来，莒、矩肯定不是同一个读音。”这就是懂得音韵的人啊。

夫物体自有精粗，精粗谓之好恶[①]；人心有所去取，去取谓之好恶[②]。此音见于葛洪、徐邈。而河北学士读《尚书》云好生恶杀。是为一论物体，一就人情，殊不通矣。

【注释】

①好恶（è）：好坏。

②好恶（wù）：喜好与嫌恶。

【译文】

物体各自有精良、粗陋的分别，精粗也就是好恶；人心对事物有所取舍，这种取舍就是好恶。后一个“好恶”的读音见于葛洪和徐邈的著作。而黄河以北的读书人在读《尚书》时却将“好（hào）生恶（wù）杀”读作“好（hǎo）生恶（è）杀”。这两种读音一种是评价物体好坏的，一种是表达内心取舍的，这两种读音实在不可混为一谈啊。

甫者，男子之美称，古书多假借为“父”字；北人遂无一人呼为“甫”者，亦所未喻。唯管仲、范增之号，须依字读耳。

【译文】

“甫”是男子的美称，古书中多假借为“父”字；北方竟然无一个人将假借为“甫”的“父”字读成“甫”，这是因为他们不明白二者的通假关系。只有管仲仲父和范增亚父二人名号中的“父”字应该依本音而读。

案：诸字书，焉者鸟名，或云语词，皆音“于愆反”。自葛洪《要用字苑》分焉字音训：若训“何”训“安”，当音“于愆反”“于焉逍遥”“于焉嘉客”“焉用佞”“焉得仁”之类是也；若送句及助词，当音“矣愆反”，“故称龙焉”“故称血焉”“有民人焉”“有社稷焉”“托始焉尔”“晋、郑焉依”之类是也。江南至今行此分别，昭然易晓；而河北混同一音，虽依古读，不可行于今也。

【译文】

据考证：各种字书都释“焉”为鸟的名称，也有说是虚语词的，都注音为“于愆反”。自葛洪的《要用字苑》起，才开始区别“焉”字的读音和意义：如果作“何”“安”解，就应该读作“于愆反”，如“于焉逍遥”“于焉嘉容”“焉用佞”“焉得仁”之类即是；如果“焉”字用作句末语气词及结构助词，就应该读作“矣愆反”，“故称龙焉”“故称血焉”“有民人焉”“有社稷焉”“托始焉尔”“晋、郑焉依”这类句子就是这样。江南地区至今沿用这两种不同读音，字的意思非常容易理解；而黄河以北地区把两种读音混成了一个，虽然依照的是古音，用在如今却行不通。

邪者，未定之词。《左传》曰：“不知天之弃鲁邪？抑鲁君有罪于鬼神邪？”《庄子》云：“天邪地邪？”《汉书》云：“是邪非邪？”之类是也。而北人即呼为“也”，亦为误矣。难者曰：“《系辞》云：‘乾坤，易之门户邪？’此又为未定辞乎？”答曰：“何为不尔！上先标问，下方列德以折[①]之耳。”

【注释】

①折：判断，裁决。

【译文】

“邪”是表示不可确定或疑问的语气词。《左传》说：“不知天之弃鲁邪？抑鲁君有罪于鬼神邪？”《庄子》说：“天邪地邪？”《汉书》说：“是邪非邪？”这些句子中的“邪”字就是这种用法。而北方人却把“邪”字读作“也”，这就不对了。有人反驳我说：“《系辞》里说：‘乾坤，易之门户邪？’这个‘邪’字难道也是疑问语气词吗？”我回答说：“怎么不是呢！前面先标明问题，后面才列举乾坤之德来加以裁断啊。”

江南学士读《左传》，口相传述，自为凡例，军自败曰“败”，打破人军曰“败”。诸记传未见“补败反”，徐仙民读《左传》，唯一处有此音，又不言自败、败人之别，此为穿凿耳。

【译文】

江南的学子读《左传》，是通过口口相传，自定音读章法，自己军队溃败说“败”，打败对方军队也说“败”。各种记传书籍中都没有见过“补败反”这个注音。徐仙民读的《左传》，只在一处注了这个读音，也没有标自败和打败别人的区别，显得有些牵强附会。

古人云：“膏粱①难整。”以其为骄奢自足，不能克励②也。吾见王侯外戚，语多不正，亦由内染贱保傅③，外无良师友故耳。梁世有一侯，尝对元帝饮谑④，自陈“痴钝”，乃成“飔⑤段”，元帝答之云：“飔异凉风，段非干木。”谓“郢州”为“永州”，元帝启报简文，简文云：“庚辰吴入，遂成司隶。”如此之类，举口皆然。元帝手教诸子侍读，以此为诫。

【注释】

①膏粱：指富贵人家及其后嗣。

②克励：克制私欲，力求上进。

③ 保傅：古代保育、教导太子等贵族子弟及未成年帝王、诸侯的男女官员，统称为保傅。

④ 饮谑：饮酒，戏谑。

⑤ 飔（sī）：凉风。

【译文】

古人说："富贵人家难以整顿，以至他们的品行很少有端正的。"这是因为他们满足于骄横奢侈的生活，不能克制勉励自己。我见到的王侯外戚，说话发音多数不标准，这也是由于他们在内受到了低贱保傅的熏染，在外又没有良师益友帮助的缘故。梁朝有一位侯爵，曾经和梁元帝一起饮酒玩笑，他自称"痴钝"，却把这两个字读成了"飔段"。元帝回应他说："你说的这个'飔'可不是凉风，'段'也不是段干木。"他还把"郢州"说成"永州"。元帝把这件事告诉了简文帝，简文帝说："庚辰日吴人攻入的地方，竟然变成了后汉的司隶校尉。"类似这种发音不准的例子，那些王公贵戚张口皆是。元帝亲自为诸位皇子授书讲学时，就举这些例子来告诫他们。

河北切"攻"字为"古琮"，与"工""公""功"三字不同，殊为僻也。比世有人名暹，自称为"纤"；名琨，自称为"衮"；名洸，自称为"汪"；名敐，自称为"獡"①。非唯音韵舛错②，亦使其儿孙避讳纷纭③矣。

【注释】

① 獡（shuò）：相惊的样子。

② 舛（chuǎn）错：差错，不正确。

③ 纷纭：杂乱。

【译文】

黄河以北地区的人将"攻"字注音为"古琮切"，与"工""公""功"三字的读音不同，这是很不正确的。近代有人名叫"暹"，他自己将"暹"读成"纤"；有人名叫"琨"，他自己将"琨"读成"衮"；有人名叫"洸"，他自己将"洸"

读成“汪”；有人名叫“敾”，他自己将“敾”读成“獡”。这不仅是读音的错误问题，也会让子孙后代的避讳变得纷乱繁杂，以至无所适从了。

杂艺第十九

真草[①]书迹，微须留意。江南谚云："尺牍书疏，千里面目也。"承晋、宋余俗，相与事之，故无顿狼狈[②]者。吾幼承门业，加性爱重，所见法书亦多，而玩习功夫颇至，遂不能佳者，良由无分故也。然而此艺不须过精。夫巧者劳而智者忧，常为人所役使，更觉为累；韦仲将遗戒，深有以[③]也。

【注释】

① 真草：书体名，真书和草书。真书，即楷书。

② 狼狈：为难窘迫。

③ 有以：有原因。

【译文】

对楷书、草书等书法技艺，是要稍加用心的。江南的谚语说："一封短信，就是写信人千里之外寄来的面目。"现在的人承袭东晋和刘宋以来的风气，多用功学习书法，因此在书写方面没有为难窘迫的时候。我自小继承家传的学业，再加上天生爱好书法，见到的书法字帖也多，而且在临摹玩味上也下了不少功夫，最终却没能达到很高的水平，实在是因为缺少天分的缘故。其实书法技艺也没必要学得太精深。巧者多劳，智者多忧，若因技艺太好而常被人家役使，反而会觉得精通书法是一种包袱。魏代书法家韦仲将给儿孙留下"不要学书法"的遗训，是很有道理的。

王逸少风流才士，萧散[①]名人，举世惟知其书，翻以能自蔽也。萧子云每叹曰："吾著《齐书》，勒成一典，文章弘义[②]，自谓可观；唯以笔迹得名，亦异事也。"王褒地胄清华，才学优敏，后虽入关，亦被礼遇。犹以书工，崎岖碑碣之间，辛苦笔砚之役，尝悔恨曰："假使吾不知书，可不至今日邪？"以此观之，慎勿以书自命。虽然，厮猥[③]之人，以能书拔擢[④]者多矣。故道不同不相为谋也。

【注释】

①萧散：潇洒闲散。

②弘义：大义，正道。

③厮猥：地位卑微。

④拔擢（zhuó）：选拔提升。

【译文】

王羲之是一位风流才子，潇洒而闲散的名士，世间所有人都只知道他的书法卓绝，反而因此掩盖了他在其他方面的才华。萧子云常常感叹说："我撰写的《齐书》，编纂成一朝历史，书中的文采和意蕴，我自以为很值得一读；可我却只是因抄写书法精妙而出名，真是怪事。"王褒出身高贵，学识渊博，才思敏捷，后来虽然到了北周，也依然受到器重。正是因为擅长书法，所以他经常奔波于碑碣之间，辛辛苦苦为别人写字。他曾后悔地说："假如我不精于书法，就不至于像现在这样吧？"由此看来，千万不要以精于书法而自命不凡。话虽如此，地位低下的人，依靠一手好字而被提拔的事例也不少。所以说：志趣不同的人想法是不能一致的。

梁氏秘阁[①]散逸以来，吾见二王真草多矣，家中尝得十卷；方知陶隐居、阮交州、萧祭酒诸书，莫不得羲之之体，故是书之渊源。萧晚节所变，乃右军年少时法也。

【注释】

①秘阁：后宫中收藏图书秘籍之地。

【译文】

梁朝秘阁珍藏的图书字画散失以后，我见过很多王羲之、王献之的楷书、草书作品，家里曾经藏有十卷；研习了这些作品，才知道陶弘景、阮研、萧子云等人的字，没有一个不是学习了王羲之的字体，所以说王羲之的字是书法的渊源。萧子云晚年时的字体有所变化，就是转向了王羲之年轻时所写的字的风格。

晋、宋以来，多能书者。故其时俗，递相染尚，所有部帙，楷正可观，不无俗字，非为大损。至梁天监之间，斯风未变；大同之末，讹替[①]滋生。萧子云改易字体，邵陵王颇行伪字[②]；朝野翕然[③]，以为楷式，画虎不成，多所伤败。至为一字，唯见数点，或妄斟酌，逐便转移。尔后坟籍，略不可看。北朝丧乱之余，书迹鄙陋，加以专辄造字，猥拙甚于江南。乃以"百""念"为"忧"，"言""反"为"变"，"不""用"为"罢"，"追""来"为"归"，"更""生"为"苏"，"先""人"为"老"，如此非一，遍满经传。唯有姚元标工于楷隶，留心小学，后生师之者众。洎[④]于齐末，秘书缮写[⑤]，贤于往日多矣。

【注释】

① 讹替：讹，错字；替，别字。

② 伪字：指不规范的字。

③ 翕然：一致的样子。

④ 洎（jì）：至，到。

⑤ 缮写：誊写，编录。

【译文】

东晋、刘宋以来，有很多擅长书法的人。所以形成了当时的社会风气，彼此互相影响。所有的书籍文献都抄录得非常工整清楚，即便难免出现个别俗体字，但并无伤大雅。直到梁武帝天监年间，这种风气也没有改变；到了大同末年，书写中异体错讹之字开始大量出现。萧子云改变字的形体，邵陵王常使用不规范字；朝野上下都竞相效仿，将他们奉为楷模，结果画虎不成反类犬，进而造成更多的错误。以致一个字简化成只有几个点，有人将字体随意安排，任意改变偏旁的位置。自那以后的文献书籍，实在没法阅读。北朝经历了长期的战乱以后，书写字迹粗劣不堪，再加上擅自生造新字，情况比江南地区还要恶劣。甚至出现将"百""念"两字组合成"忧"字，把"言""反"两字组合成"变"字，将"不""用"两字组合成"罢"字，把"追""来"两字组合成"归"字，将"更""生"两字组合为"苏"字，

“先”“人”两字组合成“老”字。如此等等，不一而足，遍布于经籍传书之中。只有姚元标擅长楷书、隶书，专心研究文字训诂之学，跟从他学习书法的年轻人很多。到了北齐末年，官府书籍的抄写才比以前好了很多。

江南闾里间有《画书赋》，乃陶隐居弟子杜道士所为；其人未甚识字，轻为轨则，托名贵师，世俗传信，后生颇为所误也。

【译文】

江南民间流传有《画书赋》一书，是陶弘景的弟子杜道士所作的；此人不太认识字，却敢轻易地规定字体的法则，假托出自名师，世人以讹传讹，信以为真，年轻学子多被他所贻误。

画绘之工，亦为妙矣；自古名士，多或能之。吾家尝有梁元帝手画蝉雀白团扇及马图，亦难及也。武烈太子偏能写真，坐上宾客，随宜点染，即成数人，以问童孺，皆知姓名矣。萧贲、刘孝先、刘灵，并文学已外，复佳此法。玩阅古今，特可宝爱。若官未通显，每被公私使令，亦为猥役。吴县顾士端出身湘东王国侍郎，后为镇南府刑狱参军，有子曰庭，西朝中书舍人，父子并有琴书之艺，尤妙丹青，常被元帝所使，每怀羞恨。彭城刘岳，橐之子也，仕为骠骑府管记、平氏县令，才学快士，而画绝伦。后随武陵王入蜀，下牢之败，遂为陆护军画支江寺壁，与诸工巧①杂处。向使三贤都不晓画，直运素业②，岂见此耻乎？

【注释】

①工巧：泛指匠人、工匠。

②素业：清高儒雅的工作。

【译文】

擅长绘画，也是件美妙的事；自古以来的名人，很多人擅长绘画。我家曾藏有梁元帝亲手画的蝉雀白团扇和马图，他的画技是一般人难以企及的。武烈太子萧方特别擅长画人物肖像，座中宾客，经他随手勾画，就能描画这些人的样子，拿了画像去问小孩，小孩都能说出画中人物的姓名。还有萧贲、刘孝先、刘灵等人，他们除了擅长文学创作之外，绘画技术也很高超。欣赏研习古今名画，确实让人爱不释手。不过，善于作画的人如果官位不高，就会因为能绘画而常被公家或私人使唤，作画也就成了一种令人厌烦的差使。吴县顾士端曾是湘东王国的侍郎，后来任镇南府刑狱参军，他有个儿子名叫顾庭，是梁元帝的中书舍人，父子俩都通晓琴艺和书法，尤其精通绘画，常因此而被梁元帝叫去作画，为此感到羞愧悔恨。彭城人刘岳，是刘橐的儿子，曾做过骠骑府管记、平氏县令，富有才学，为人豪爽，绘画技艺更是高超，后来跟随武陵王萧纪到蜀地，下牢关战败后，就为陆护军画支江寺壁画，和那些工匠杂于一处。如果这三位贤能的人当初都不通晓绘画，一直致力于清雅的事业，还会蒙受这样的耻辱吗?

弧矢之利，以威天下，先王所以观德择贤，亦济身之急务也。江南谓世之常射，以为兵射，冠冕儒生，多不习此；别有博射[①]，弱弓长箭，施于准的，揖让升降，以行礼焉。防御寇难，了无所益。乱离之后，此术遂亡。河北文士，率晓兵射，非直[②]葛洪一箭，已解追兵，三九宴集，常縻[③]荣赐。虽然要[④]轻禽，截狡兽，不愿汝辈为之。

【注释】

① 博射：我国古代一种游戏性的习射方式。

② 直：只。

③ 縻（mí）：分得，获得。

④ 要：拦截。

【译文】

弓箭的锋利，足以威慑天下，古代的帝王以射箭来考察人的才德，选择贤能，同时射箭技术好也是保全自己性命的紧要事情。江南的人将世上常见的射箭，称为“兵射”，士大夫和读书人多不学此道；还有一种“博射”，弓的力量很弱，箭身较长，设有箭靶，宾主相见，揖让进退，按一定的仪式致敬，举行射礼。这种比赛类的箭术对于防御敌寇，毫无帮助。战乱之后，这种“博射”就没人玩了。北方的文人，都懂得“兵射”，不止能像葛洪那样一箭射死追兵，而且在三公九卿宴会时也常常赏赐射箭的优胜者。尽管这样，用射箭去猎获飞禽走兽的事情，我还是不愿意你们去做。

卜筮者，圣人之业也；但近世无复佳师，多不能中。古者，卜以决疑，今人生疑于卜，何者？守道信谋，欲行一事，卜得恶卦，反令忕忕[①]，此之谓乎！且十中六七，以为上手，粗知大意，又不委曲[②]。凡射[③]奇偶，自然半收，何足赖也。世传云：“解阴阳者，为鬼所嫉，坎壈[④]贫穷，多不称泰[⑤]。”吾观近古以来，尤精妙者，唯京房、管辂、郭璞耳，皆无官位，多或罹灾，此言令人益信。傥值世网严密，强负此名，便有诖误，亦祸源也。及星文风气[⑥]，率不劳为之。吾尝学《六壬式》[⑦]，亦值世间好匠，聚得《龙首》《金匮》《玉軨变》《玉历》十许种书，讨求无验，寻亦悔罢。凡阴阳之术，与天地俱生，亦吉凶德刑，不可不信；但去圣既远，世传术书，皆出流俗，言辞鄙浅，验少妄多。至如反支[⑧]不行，竟以遇害；归忌[⑨]寄宿，不免凶终：拘而多忌，亦无益也。

【注释】

①忕忕（chì）：忧惧不安。

②委曲：曲意求全。

③射：猜度。

④坎壈（lǎn）：困顿不得志。

⑤称泰：称心平安。

⑥星文风气：根据天文气象，判断人事吉凶。

⑦《六壬式》：元女所著，主要讲述运用阴阳五行进行占卜凶吉的方法。

⑧反支：即反支日，古术数星命之说，以反支日为禁忌之日。

⑨归忌：阴阳家认为某些日子不宜在家。

【译文】

卜筮，是圣人从事的职业；只是近世没有水平高的巫师，所以占卜结果大多不准。古时候，占卜是用来解除疑惑的，现在的人却因为占卜产生了疑惑，这是为什么呢？坚守道德规范，相信自己谋划的人，打算去做一件事，占卜时却卜出凶卦，反让他心生不安，大概说的就是这个意思吧！况且，现在巫师十次占卜，其中有六七次应验，就自以为是占卜的高手，实际上只是略懂大意，并不精通。但凡给人占卜猜测奇偶正负，自然会有一半猜中的机会，这样的结果怎么值得信赖呢？世人传说：“精通阴阳占卜的人，被鬼神所嫉妒，一生坎坷艰难，大多都过得不称心平安。”我看近古以来，特别擅长占卜的人，只有京房、管辂、郭璞三人罢了。他们都没有官职，又多遭灾祸，因此这种传言更加让人深信不疑。倘若碰上世间法制严密，勉强地背负占卜的名声，就难免受到牵累祸害，这也是招灾惹祸的根源呀。至于看天文、观星相、测气候之类，一概都不要去研究。我曾学过《六壬式》，也遇到过世间的占卜高手，收集了《龙首》《金匮》《玉附近变》《玉历》等十几种占卜的书，探讨一番之后发现书中所说的并没有应验，不久也就因后悔而作罢了。凡阴阳占卜之术，与天地共生，它所昭示的吉兆凶象、施加恩泽与惩罚，是不能不信的；只是现在离圣人的年代已久，世上流传的占卜书，都是庸人所撰，言词粗鄙浅陋，应验的少，虚妄的多。以至于有人在反干支日不敢远行，仍然遇害；有人在归忌日寄居在外，还是免不了一死：因拘泥于此类说法而处处禁忌，是没什么益处的。

算术亦是六艺要事，自古儒士论天道，定律历者，皆学通之。然可以兼明，不可以专业。江南此学殊少，唯范阳祖暅精之，位至南康太守。河北多晓此术。

【译文】

算术也是六艺中重要的技能，自古以来的读书人谈论天文，推算律历，都需要精通算术。然而，可以在学别的知识同时学习算术，不要专门去学习它。江南通晓算术的人很少，只有范阳人祖暅精通，他官至南康太守。北方人大多通晓这门学问。

医方之事，取妙极难，不劝汝曹以自命也。微解药性，小小和合，居家得以救急，亦为胜事，皇甫谧、殷仲堪则其人也。

【译文】

行医治病这种事，要学好极为困难，我不鼓励你们以会看病作为追求目标。稍微懂得一些药理，稍微能够配点药，日常生活中能够用来救急，也就是很难得的好事了。皇甫谧、殷仲堪就是这样的人。

《礼》曰："君子无故不彻[①]琴瑟。"古来名士，多所爱好。洎于梁初，衣冠子孙，不知琴者，号有所阙[②]；大同以末，斯风顿尽。然而此乐愔愔[③]雅致，有深味哉！今世曲解[④]，虽变于古，犹足以畅神情也。唯不可令有称誉，见役勋贵，处之下坐，以取残杯冷炙之辱。戴安道犹遭之，况尔曹乎！

【注释】

① 彻：通"撤"，撤除，撤去。

② 阙：缺。

③ 愔愔（yīn）：安静和悦的样子。

④ 曲解：曲是乐曲，解是乐曲的章节。

【译文】

《礼记》里说："君子无故不撤去琴瑟。"自古以来的名士，大多爱好音乐。到了梁朝初期，如果贵族子弟不懂弹琴鼓瑟，就被认为是一种缺憾；到了大同末年，这种风气丧失殆尽。然而这种音乐雅致和谐，意味无穷啊！现在的琴曲歌词，虽然不同于古曲，听了之后还是足以使人神情舒畅。只是不要以擅长弹琴闻名，那样就会因此而被达官贵人所役使，身居下座为人演奏，以讨得残杯剩饭，备受屈辱。戴安道尚且遭遇过这样的事，何况你们呢！

《家语》曰："君子不博，为其兼行恶道故也。"《论语》云："不有博弈者乎？为之，犹贤乎已。"然则圣人不用博弈为教，但以学者不可常精，有时疲倦，则傥为之，犹胜饱食昏睡，兀然[①]端坐耳。至如吴太子以为无益，命韦昭论之；王肃、葛洪、陶侃之徒，不许目观手执，此并勤笃之志也。能尔为佳。古为大博则六箸[②]，小博则二茕[③]，今无晓者。比世所行，一茕十二棋，数术浅短，不足可玩。围棋有手谈、坐隐[④]之目，颇为雅戏；但令人耽愦[⑤]，废丧实多，不可常也。

【注释】

①兀（wù）然：茫然无知的样子。

②博：指博戏，又叫局戏，为古代的一种游戏，六箸十二棋。六箸：古代博弈之具。

③茕（qióng）：赌具，骰子。

④手谈、坐隐：都是下围棋的别称。

⑤耽愦（kuì）：沉迷昏聩。

【译文】

《孔子家语》说："君子不玩博戏，是因为它会让人走上不正之道。"《论语·阳货》篇说："不是有弈棋等游戏吗？学点这个，比什么爱好都没有强！"话虽如此，但圣人从不把这个作为教育内容来教学生，而是觉得读书人只要不把精力全放在上面，感到疲倦的时候，偶尔玩玩，要比吃饱了饭昏昏而睡，或是茫然呆坐强罢了。至于像吴太子那样认为博弈有害无益，命韦昭撰文抨击这件事；王肃、葛洪、陶侃的弟子，则不许围观参与，这都是勤奋专一有志于学的人。能够这样最好。古时候，大规模的博戏就用六根竹筷，小规模的博戏则用两个骰子。近代流行的玩法是用一个骰子十二个棋子，路数技巧简单乏味，不值得深玩。围棋还有"手谈""坐隐"的名称，可算是一种高雅的游戏；但是如果沉溺其中，就会荒废很多正事，不能经常玩。

投壶[①]之礼，近世愈精。古者，实以小豆，为其矢之跃也。今则唯欲其骁[②]，益多益喜，乃有倚竿、带剑、狼壶、豹尾、龙首之名[③]。其尤妙者，有莲花骁。汝南周璝，弘正之子，会稽贺徽，贺革之子，并能一箭四十余骁。贺又尝为小障，置壶其外，隔障投之，无所失也。至邺以来，亦见广宁、兰陵诸王，有此校具[④]，举国遂无投得一骁者。弹棋亦近世雅戏，消愁释愦，时可为之。

【注释】

① 投壶：古代宴会礼节，亦为娱乐活动。宾主依次用矢投向盛酒的壶口，以投中多少决胜负，负者饮酒。

② 骁（xiāo）：古代投壶游戏，箭从壶中跳出，用手接住再投，屡投屡跃，箭不坠地，称之“骁”。

③ 倚竿：箭斜倚壶口中。带剑：把箭投插入壶耳中。狼壶：箭旋转壶口之上最后像倚竿那样斜倚壶口中。豹尾：即箭斜倚壶口中而箭羽正向投壶之人。龙首：箭斜倚壶口中而箭首正向投壶之人。都是投壶的招数。

④ 校具：小障碍物，小围障。

【译文】

投壶这种礼节，近来越来越精妙了。古时候，壶里要装满小豆子，是为了防止箭从壶中弹出来。现在人在投壶的时候却希望箭投进去还能从壶中跳出来，跳出来的次数越多越高兴，于是就有了倚竿、带剑、狼壶、豹尾、龙首等名目。其中最精妙的是莲花骁。汝南人周璝，是周弘正的儿子，会稽人贺徽，是贺革的儿子，他们都能使一支箭连续投跃反弹四十多次。贺徽曾经安置了一个小障碍物，把壶放在障碍物的外面，他自己隔着障碍物投壶，没有投不中的。我到邺城以来，看见广宁王、兰陵王等王公也有投壶的器具，但是举国上下竟然没有人能投一骁。弹棋也是近代一种高雅的游戏，能够消愁解闷，可以偶尔玩一玩。

终制[1] 第二十

死者，人之常分，不可免也。吾年十九，值梁家丧乱，其间与白刃[2]为伍者，亦常数辈；幸承余福，得至于今。古人云："五十不为夭。"吾已六十余，故心坦然，不以残年为念。先有风气之疾，常疑奄然[3]，聊书素怀，以为汝诫。

【注释】

① 终制：送终之制，即关于丧葬的制度。

② 白刃：锋利的刀。

③ 奄然：奄忽，指突然死亡。

【译文】

死亡，这是每个人的必然归宿，不可避免。我十九岁的时候，正值梁朝覆亡，动乱期间与刀剑相伴，与死亡擦肩；幸亏蒙受祖上的福祐，我才存活至今。古人说："活到五十岁就不算短命了。"我已经六十多岁了，所以面对死亡心里非常坦然，对余生并不留恋。我以前患有风气病，常怀疑自己会突然死去，因而姑且写下自己平时的想法，作为对你们的警戒。

先君先夫人皆未还建邺旧山[1]，旅葬江陵东郭。承圣末，已启求扬都，欲营迁厝[2]。蒙诏赐银百两，已于扬州小郊北地烧砖，便值本朝沦没，流离如此，数十年间，绝于还望。今虽混一，家道罄穷[3]，何由办此奉营资费？且扬都污毁，无复孑遗[4]，还被下湿，未为得计。自咎自责，贯心刻髓。计吾兄弟，不当仕进；但以门衰，骨肉单弱，五服[5]之内，傍无一人，播越他乡，无复资荫[6]；使汝等沉沦厮役，以为先世之耻；故腆冒[7]人间，不敢坠失[8]。兼以北方政教严切，全无隐退者故也。

【注释】

① 旧山：旧茔。

② 迁厝（cuò）：迁葬。

③ 罄穷：精光，荡然无存。

④ 孑遗：残存，剩余。

⑤ 五服：指近亲。五服本为近亲所穿的五种丧服。

⑥ 资荫：凭先代的功勋或官爵而授官封爵。

⑦ 腆（tiǎn）冒：厚颜冒昧。

⑧ 坠失：失去，废弛。

【译文】

我亡父与亡母的灵柩都没能送回建邺祖坟，而暂时葬在江陵城的东郊。承圣末年，我启奏要求回扬州，准备迁葬事宜。承蒙圣上下诏赐银子百两，我已在扬州近郊北边烧制墓砖，却赶上梁朝灭亡，我流离失所来到这里，几十年来，早已不抱归还的希望。现在天下虽然已经统一，但是家境困窘，哪有能力支付迁葬所需的费用呢？况且扬州已被战乱破坏，老家什么也没有残存下来。将亡父亡母的灵柩运回老家葬在低洼潮湿的地方，也不合适。我自己责备自己，愧疚之情刻骨铭心。思量我们兄弟几个本来不该做官；只是因为家道衰落，势单力薄，至亲之中，没有一人可以依傍，加上流落他乡，更没有先代的勋功荫庇；如果让你们沦落到受人驱使的境地，那就是祖先的耻辱；所以我才厚着脸皮跻身仕途，不敢隐退。当然也有北朝政纪严厉峻切，根本不允许官员隐退的原因。

今年老疾侵，傥然[①]奄忽，岂求备礼乎？一日放臂[②]，沐浴而已，不劳复魄，殓[③]以常衣。先夫人弃背[④]之时，属世荒馑，家涂空迫，兄弟幼弱，棺器率薄，藏[⑤]内无砖。吾当松棺二寸，衣帽已外，一不得自随，床上唯施七星板[⑥]；至如蜡弩牙、玉豚、锡人之属[⑦]，并须停省，粮罂明器[⑧]，故不得营，碑志旒旐[⑨]，弥在言外。载以鳖甲车[⑩]，衬土而下，平地无坟；若惧拜扫不知兆域[⑪]，当筑一堵低墙于左右前后，随为私记耳。灵筵勿设枕几，朔望祥禫[⑫]，唯下白粥清水干枣，不得有酒肉饼果之祭。亲友来餟酹者[⑬]，一皆拒之。汝曹若违吾心，有加先妣，则陷父不孝，在汝安乎？其内典功德，随力所至，勿刳[14]竭生资，使冻馁也。四时祭祀，周、孔所教，欲人勿死其亲，不忘孝道也。求诸内典，则无益焉。杀生为之，翻增罪累。若报罔极之德，霜露之悲，有时斋供，及七月半盂兰盆，望于汝也。

【注释】

①傥然：假若。

②放臂：指人死亡。

③殓（liàn）：给死者穿衣入棺。

④弃背：即死亡。

⑤藏（zàng）：墓穴，坟墓。

⑥七星板：旧时停尸床上及棺内放置的木板，上凿七孔，斜凿枧槽一道，使七孔相连，大殓时纳于棺内。

⑦蜡弩牙：古代用来殉葬的蜡制弩弓。弩牙，弩上发矢的机件。玉豚：古代用来殉葬的猪形玉器。锡人：古代用来殉葬的锡铸人像。

⑧粮罂（yīng）：盛粮的陶器，大肚小口，古代墓葬用为明器。明器：即冥器。专为随葬而制作的器物，一般用竹、木或陶土制成。

⑨碑志：碑记，刻在碑上的纪念文字。旒（liú）旐（zhào）：出殡时用在灵柩前的幡旗，葬时放至棺木上。

⑩鳖甲车：灵车。

⑪兆域：墓地四周的疆界，亦以称墓地。

⑫祥禫（dàn）：丧祭名。

⑬餟（chuò）：连续而祭。酹（lèi）：以酒浇地，表示祭奠。

⑭刳（kū）：挖，挖空。

【译文】

我已年老体衰，且疾病缠身，假如突然死了，还求丧事一定要礼仪周备么？等到哪一天我撒手离世，只要帮我沐浴净身就可以了，不用举行招魂的仪式，给我穿上平时的衣服装殓。我先母辞世的时候，正值饥荒年间，家境贫困窘迫，我们兄弟年幼体弱，她的棺木很薄，坟内也没用砖。所以，埋葬我时只要用两寸厚的松木棺材就可，里面除了衣服和帽子，什么随葬品都不要。棺材的底部只放一块七星板；至于像蜡弩牙、玉豚、锡人等随葬品，一律省却不用；粮罂之类的明器，也不要准备；碑志铭旌，就更不用说了。棺木用鳖甲车运送，贴着土埋下就行，墓顶跟地面平齐，不要鼓起坟头；要是担心以后祭拜扫墓时不知道墓的四周边界，可以在墓的前后左右建一堵矮墙，作为私下的标记。灵床上不要放置枕几，朔日、望日，以及祥日、禫日祭奠的时候，只放些白米粥、清水和干枣就行，不准有酒、肉、糕饼、鲜果等祭品。亲友们要来祭奠，一概谢绝。日后你们如果违背我的心意，丧礼规格超过我亡故的母亲，那就是陷你们的父亲于不孝，如此你们能够心安么？像诵经施舍这些功德事，当量力而行，不要无谓地耗尽家财，以致你们自己忍受饥寒。四季的祭祀，是周公、孔子留下的规矩，目的是使人不要忘记死去的亲人，不要忘记奉行孝道。若按照佛经的解释，这都是没有必要的。至于宰杀生灵进行祭祀，反而会增加死者的罪孽。你们要是想报答父亲的养育之恩，表达你们的怀念之情，适时斋供，七月十五的盂兰盆会时，我倒希望你们能来扫祭。

孔子之葬亲也，云：“古者，墓而不坟。丘东西南北之人[①]也，不可以弗识也。”于是封之崇四尺[②]。然则君子应世行道，亦有不守坟墓之时，况为事际[③]所逼也！吾今羁旅，身若浮云，竟未知何乡是吾葬地；唯当气绝便埋之耳。汝曹宜以传业扬名为务，不可顾恋朽壤[④]，以取堙没[⑤]也。

【注释】

① 东西南北之人：到处奔走、居无定所的人。

② 封：堆土。崇：高度。

③ 事际：情势。

④ 顾恋：顾念留恋。朽壤：腐土。此处指坟墓。

⑤ 堙（yān）没：埋没，湮没。

【译文】

孔子安葬亲人时说道：“古人建墓而不堆坟。我孔丘是一个四处漂泊的人，不能不在墓上留个标志。”于是在墓上堆了土，有四尺高。这样看来君子处事行道，也有不能守着坟墓的时候，何况是被情势所逼迫呢！我现在身陷异乡，像浮云一样飘忽不定，甚至不知道何处是我的葬身之地；在我断气后，随地埋葬就行了。你们应该致力于传承家业、扬名后世，不可以因为顾念留恋我的朽骨坟土，而埋没了自己的前程。

朱子家训

一　修身

黎明即起，洒扫庭除[①]，要内外整洁；既昏便息，关锁门户，必亲自检点。一粥一饭，当思来处不易；半丝半缕，恒念物力维艰。宜未雨而绸缪[②]，毋临渴而掘井。自奉必须俭约，宴客切勿流连。器具质而洁，瓦缶[③]胜金玉；饮食约而精，园蔬胜珍馐[④]。勿营华屋，勿谋良田。

【注释】

①庭除：庭院。这里指庭堂内外。

②未雨而绸缪：趁着天还未下雨，先修缮屋舍门窗，喻凡事要预先做好准备。

③瓦缶：小口大腹的瓦器。

④珍馐：珍奇贵重的食品。

【译文】

每天黎明就要起床，洒水打扫，使庭堂内外整洁；天一黑便休息，并亲自检查关锁门户。对于一顿粥或饭，应当想着来之不易；对于半根丝或线，也要常念着物力的艰难。凡事先做准备：趁着还没下雨的时候，要先修缮屋舍门窗；不要到了口渴的时候，才去掘井。自己生活上必须节约，宴请宾客切勿流连忘返。器具质朴而干净，瓦器胜过金玉制品，饮食节俭而精当，园里种的蔬菜胜于山珍海味。不要建造华丽的房屋，不要图买肥沃的田地。

二　治家

三姑六婆，实淫盗之媒；婢美妾娇，非闺房之福。童仆勿用俊美，妻妾切忌艳妆。祖宗虽远，祭祀不可不诚；子孙虽愚，经书不可不读。居身务期质朴，教子要有义方①。勿贪意外之财，勿饮过量之酒。

【注释】

① 义方：为人行事应遵守的规矩法度。

【译文】

社会上不务正业的妇女，都是奸淫和盗窃的媒介；美丽的婢女和娇艳的姬妾，不是家庭的福祉。家僮、奴仆不可雇用英俊美貌的，妻妾切忌艳丽的装饰。祖宗虽然离我们年代久远了，但祭祀不可不虔诚；子孙虽然愚笨，但经书要勉励诵读。自己生活节俭，教育子孙为人行事要遵守规矩法度。不要贪不属于自己的财物，不要过量饮酒。

与肩挑贸易，勿占便宜；见贫苦亲邻，须多温恤。刻薄成家，理无久享；伦常乖舛①，立见消亡。兄弟叔侄，须多分润寡；长幼内外，宜法肃辞严。听妇言，乖骨肉，岂是丈夫？重资财，薄父母，不成人子。嫁女择佳婿，毋索重聘；娶媳求淑女，毋计厚奁②。

【注释】

① 乖舛（chuǎn）：违背。

② 厚奁：丰厚的嫁妆。

【译文】

和做小生意的挑贩们交易，不要占他们的便宜；看到穷苦的亲戚或邻居，要对他们温恤体贴。以刻薄发家的，绝没有长久享受的道理；行事违背伦常的人，很快就会消亡。兄弟叔侄之间，富有的要资助贫穷的；一个家庭要长幼有序，家规严格，言辞庄重。听信妇人挑拨，而伤了骨肉之情，哪里配做大丈夫呢？看重钱财，而薄待父母，不是为人子女的道理。嫁女儿，要为她选择贤良的夫婿，不要索取贵重的聘礼；娶媳妇，须求贤淑的女子，不要贪图丰厚的嫁妆。

三　处世

见富贵而生谗容者最可耻；遇贫穷而作骄态者贱莫甚。居家戒争讼，讼则终凶；处世戒多言，言多必失。毋恃势力而凌逼孤寡，勿贪口腹而恣杀生禽。乖僻自是，悔误必多；颓惰自甘，家道难成。狎昵[①]恶少，久必受其累；屈志老成，急则可相依。轻听发言，安知非人之谮诉[②]？当忍耐三思。因事相争，安知非我之不是？须平心暗想。施惠勿念，受恩莫忘。凡事当留余地，得意不宜再往。人有喜庆，不可生妒忌心；人有祸患，不可生喜幸心。善欲人见，不是真善；恶恐人知，便是大恶。见色而起淫心，报在妻女；匿怨[③]而用暗箭，祸延子孙。

【注释】

① 狎昵：过分亲近。

② 谮（zèn）诉：诬蔑人的坏话。

③ 匿（nì）怨：对人怀恨在心，而面上不表现出来。

【译文】

看到富贵者便巴结讨好的人，是最可耻的；遇着贫穷者便做出骄傲态度的人，是最鄙贱的。居家禁止争斗诉讼，一旦争斗诉讼，无论胜败，结果都不吉祥；处世不可多说话，言多必失。不可仗势欺凌压迫孤儿寡妇，不要贪口腹之欲而任意地宰杀牛羊鸡鸭等生禽。性格古怪，自以为是的人，必会因常常做错事而懊悔；颓废懒惰，沉溺不悟，难以成家立业。亲近不良少年，日子久了必受牵累；恭敬自谦，虚心地与那些阅历多而善于处世的人交往，遇到急难的时候，就可以依靠他。不可轻信他人的话，因为怎知道他不是来说人坏话呢？要再三思考。因事相争，怎知道不是我自己的过错？要冷静反省。施人恩惠，不要记在心里；受人恩惠，一定不要忘记。无论做什么事，当留有余地；得意以后，就要知足，不应该再进一步。他人有喜庆的事情，不可妒忌；他人有灾祸，不可喜庆。做了善事而想他人看见，就不是真正的善；做了坏事，而怕他人知道，就是真正的恶。见色而起邪心的，将来会报应在自己的妻子女儿身上；怀恨在心而暗中伤人的，将来会祸及自己的子孙。

四　顺时

家门和顺，虽饔飧[①]不继，亦有余欢；国课[②]早完，即囊橐[③]无余，自得至乐。读书志在圣贤，非徒科第；为官心存君国，岂计身家？守分安命，顺时听天。为人若此，庶乎近焉。

【注释】

①饔飧（yōng sūn）：饔，早饭。飧，晚饭。

②国课：国家的赋税。

③囊橐（tuó）：口袋。

【译文】

家庭和顺，虽缺衣少食，也觉得快乐；尽快缴完赋税，即使口袋中所剩无余，也自得其乐。读书的目的在于学习圣贤，不只为了科举及第；做官吏要忠君爱国，怎么可以考虑自己和家人的享受呢？守住本分，遵从天命，顺应天时。能够这样做人，差不多就和圣贤的道理相合了。

学而书馆

出 版 人：史宝明
出 品 人：许　永
责任编辑：周亚灵
特邀编辑：黎福安
装帧设计：海　云
印制总监：蒋　波
发行总监：田峰峥

投稿信箱：cmsdbj@163.com
发　　行：北京创美汇品图书有限公司
发行热线：010-59799930

创美工厂
官方微博

创美工厂
微信公众平台